North Africa during the Roman Empire

古代ローマ帝国期における北アフリカ

カルタゴ周辺地域における文化と記憶

Ifuku   Go
井福 剛

関西学院大学出版会

古代ローマ帝国期における北アフリカ

カルタゴ周辺地域における文化と記憶

目　次

凡　例
図1　ローマ帝国期北アフリカ地図　vi
図2　トゥッガ平面図　vii

序　論 ……………………………………………………………………… 1

　1　ローマ帝国支配期北アフリカ小史　2
　2　ローマ帝国支配期北アフリカの文化に関する研究動向と問題の所在　3
　3　文化論的転回と新しい文化史　6
　4　本書の構成と問題設定　10

第Ⅰ章　トゥッガにおけるマルキウス氏族とカピトリウム神殿建設 ………19

　はじめに　19
　1　トゥッガ概略　24
　　(1)　二つのコミュニティ　24
　　(2)　両コミュニティの保護者　27
　2　マルキウス氏族　28
　3　カピトリウム神殿　32
　おわりに　41

第Ⅱ章　トゥッガにおけるガビニウス氏族と神殿建設 …………………47

　はじめに　47
　1　ガビニウス氏族　48
　　(1)　ガビニウス氏族の成員とその事績　48
　　(2)　ガビニウス氏族の位置づけ　53
　2　コンコルディア、フルギフェル、リベル・パテル、ネプトゥヌス神殿　55
　おわりに　62

第 III 章 トゥッガにおけるサトゥルヌス神殿建設 ……………67

はじめに　67

1　2世紀後半における両コミュニティの共同奉献　68

2　トゥッガにおけるサトゥルヌス神殿　70

　（1）バアルとサトゥルヌス　70

　（2）パグスにおけるサトゥルヌス神殿建設　71

　（3）195年のサトゥルヌス神殿建設　73

おわりに　77

第 I 章から第 III 章までの小括　78

第 IV 章 ポエニ戦争後から帝政初期におけるカルタゴの記憶………83

はじめに　83

1　カルタゴ・イメージ　88

　（1）カルタゴ人像　88

　（2）ハンニバル像　91

2　ハンニバルと国家内部の敵　95

　（1）ハンニバルのようなローマ人　95

　（2）ハンニバルとカティリーナ　98

3　ローマ政治文化におけるカルタゴ・イメージの利用　102

　（1）凱旋式要求におけるカルタゴ・イメージの利用　102

　（2）危機と勝利　107

　（3）理想のローマ人像と「過去」の再構築　113

おわりに　114

第 V 章 「理想」のローマ都市カルタゴとカエレスティス神殿 ………121

はじめに　121

1　ローマ帝国支配期北アフリカの文化をめぐる研究状況と記憶　123

2　「理想」のローマ都市カルタゴとポエニ期カルタゴの記憶　124

3　「カルタゴ的」宗教 —— カエレスティスを中心に　128

　（1）カルタゴのカエレスティス信仰をめぐる言説　128

（2）トゥッガのカエレスティス神殿　130

おわりに　134

結　論 ……………………………………………………………………………… 137

付　録　144

参考文献　153

あとがき　164

初出一覧　167

索　引　168

凡　例

1. ラテン語・ギリシア語のカタカナ表記は、原則として長母音を略した。ただし、日本語で一般的になっている事例については、そちらを用いた。

2. 本文中に引用されている史料は、注記のないものは筆者による試訳である。翻訳のある史料は訳出の際に参考にさせていただいた。

3. 訳文中の（　）は筆者による補足である。

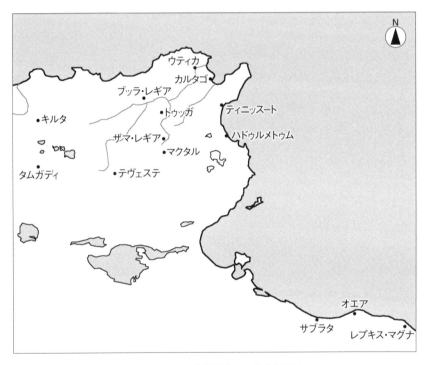

図1　ローマ帝国期北アフリカ地図

図2 トゥッガ平面図
(S. Saint-Amans, 2004, P.15 の平面図をもとに作成)

序　論

〰〰〰〰〰〰〰〰〰〰〰〰〰〰〰〰〰〰〰〰〰〰〰〰〰〰〰〰〰〰〰〰〰〰〰〰〰

　現在、一般にヨーロッパとアフリカ、キリスト教圏とイスラム教圏の区
分に見られるように、地中海の北側と南側は別のカテゴリとして理解され
ている。当然、西洋史という区分もヨーロッパの歴史を意味しているた
め、両者の交流や植民地支配を扱わない限りここに北アフリカは含まれて
こない[1]。こうした両者を明確に区分するあり方と同時に、地中海世界と
いう一体の枠組みでの理解も存在する。F. ブローデルの『地中海』はそう
した理解の最たるものだろう[2]。しかし、ブローデルの名を出すまでもな
く、古代世界では地中海世界は多様性と同時にある種の一体性をもってい
た[3]。特にローマ帝国の版図は地中海世界を覆っており、この海の北側も
南側も同じローマ帝国であったのである。

　本書では地中海を挟んだ南側のローマ帝国について考察をすすめる。そ
のなかでも特に、ローマ支配期においてカルタゴ周辺地域で生じた文化変
容と、その結果、創り上げられた異種混淆的文化に注目する。この地には
ローマが支配する以前から、古代リビア人やヌミディア人などの現地の勢
力や、植民者であるカルタゴ人など、様々な人々の生活があり、文化的な
営みも存在していた。こうした経緯から、同じローマ帝国であっても他地
域と異なる「ローマ文化」が生み出されていったのである。

　古代ローマの宗教、特に北アフリカのことを中心に研究している B. D.

ショーは、昨今の地中海研究のパラダイム[4]の影響を受けつつ、北アフリカのマグリブを、他地域からのイノベーションの影響はやわらげられる一方で、いったん取り込まれると力強く、早いペースでの発展が促される「特異な島」として捉えている[5]。

本書では、ローマ帝国全体で共有されていたであろう「ローマ的なるもの[6]」についてその一端を示しつつも、ショーが述べているような北アフリカの特異性も同時に示していく。つまり、ローマ帝国の中の一事例として北アフリカを捉えると同時に、北アフリカだからこそ見えてくる他地域とは異なる要素についても明らかにしていくことが本書全体における目的である。以下では、まずローマ帝国支配期北アフリカの歴史について概観しておく。

1 ローマ帝国支配期北アフリカ小史

ローマによる北アフリカ支配が本格的に始まるのはカルタゴを滅亡させたポエニ戦争後である[7]。第三次ポエニ戦争の結果、カルタゴは滅亡し、カルタゴの勢力範囲にほぼ重なる形で属州アフリカが設置された。その後、前2世紀末のユグルタ戦争を経て、共和政末期の動乱の中、カエサルによってヌミディア王国は滅亡させられることになる。これによりそれまでのアフリカ属州に隣接して、旧ヌミディア王国領の主要部にアフリカ・ノウァ属州が設置されることとなった[8]。

そしてアウグストゥスの時代にこの二つの属州は統合され、アフリカ・プロコンスラリス属州が創設されることになる[9]。これにより、リビアのキレナイカの西端からアルジェリアのリュメール川まで広がる広大な領域がこの属州に含まれることになった。この時期にカルタゴ植民市も含めたいくつかの植民市が建設され、アマエダラには第三アウグスタ軍団が常駐することになった[10]。

このようにローマによる支配が着実に進む一方で、後17年[11]には旧ヌ

ミディア領にてタクファリナスの反乱が起こっている[12]。この反乱鎮圧後にアフリカ・プロコンスラリス属州の西側に隣接していた同盟国マウレタニア王国は不安定化し、40 年には最後の王プトレマエウスがカリグラに暗殺され、クラウディウス治世にはマウレタニア・カエサリエンシスとマウレタニア・ティンギタナの二つの属州が創設された。この統治体制はその後、セプティミウス・セウェルス治世にアフリカ・プロコンスラリス属州からヌミディアが分割されるまで継続した。

「3 世紀の危機」と呼ばれる時代においても、北アフリカは他地域に比べて安定を保っていたとされている[13]。ディオクレティアヌス治世においては属州の再編が進み、マウレタニア・ティンギタナ以外の三つの属州はアフリカ管区に含まれるようになり、さらにそのなかで七つの属州に分割されることとなる[14]。

以上が、ローマ帝国支配期における北アフリカ統治の大まかな変遷であるが、本書においては対象地域をアフリカ・プロコンスラリス属州、そのなかでも特にカルタゴ周辺地域に絞り考察する。この地域がポエニ期カルタゴと再建後のカルタゴ植民市の影響を色濃く受けていると考えられることから、本書の後半で中心的に論じるカルタゴの文化と記憶の関係を考察する上で、より適した地域であるだろう[15]。

2 ローマ帝国支配期北アフリカの文化に関する
　研究動向と問題の所在

　ここまで見てきたように、ローマの支配を受ける以前から北アフリカにはもともとの現地人の勢力である古代リビア人やヌミディア人、そしてカルタゴといった勢力が存在していた。こうした経緯から、ローマ帝国支配期北アフリカの文化を研究する際、古代リビア、ヌミディア、カルタゴ、ローマなどの複数の文化が重なり合っている状況を考慮に入れなければならない。

ローマ支配期北アフリカの文化に関する研究状況は、以上のような文化の重層性をめぐる研究者たちの解釈の変遷として見ることができる。つまり、重なり合った文化のどの部分を重視し、強調するかによってその主張が変わってきたのである。

まず 20 世紀初頭の F. ハヴァフィールドの研究以降、北アフリカも含めた属州の文化について、ローマ化概念を軸に解釈が行われた[16]。このローマ化を中心にした研究は、その言葉が示す通り、ローマ文化がいかに浸透したかに関心が寄せられたため、ローマ支配期以前の文化については「消え去りいく文化」として触れられる程度である。つまり、優れたローマ文化に劣った現地文化が駆逐されるという植民地主義的で単純な二項対立図式で語られてきたのである。

北アフリカの研究においてローマ化概念を用いた研究として T. R. S. ブロートンがあげられる。彼はブリテンほどアフリカにおいてはローマの影響はなかったとし、ローマ支配の現地への作用を最小限に見積もっている。しかし、彼はローマ人がアフリカに平和と繁栄をもたらしたとしており、ローマ文明を現地のものよりも優れたものとみなしている点において、ハヴァフィールドと同様の価値観を有していたといえるだろう[17]。

こうしたローマ化を中心とした解釈に対する批判が 1960 年代頃から続出することになる[18]。そのような批判の代表的な研究として M. ベナブがあげられる[19]。彼は、北アフリカにおいてローマ化だけでなくローマ文化のアフリカ化が進行しており、そのような現地文化の継続性や生命力はローマ化に対する現地の人々の抵抗があらわれたものであると主張したのである[20]。

こうしたローマ化を裏返したかのようなベナブの見解に対して批判も存在する。例えば P. D. A. ガーンジィは、現地文化の残存は抵抗によるものではなく、ローマの寛容によるものだと批判している[21]。

しかし、ガーンジィの寛容としての解釈も、ベナブの抵抗としての読み替えも、ローマ文化と現地文化をそれぞれの内部においては純粋で均一な閉鎖された総体として捉えている点で、ローマ化研究と同じ単純な二項対

立図式から脱却できていないという問題を抱えている。

　また、ベナブの研究はローマ化研究批判の端緒となった点で意義のあるものであるが、現地文化の残存・継続性を重視するあまり、ローマ文化と現地文化が重なり合い、混ざり合っているという状況にほとんど関心が払われていない。こうしたベナブの解釈は純粋な現地文化が存在し、外部の文化的要素であるローマ文化が流入したことでそれが失われていくという「純粋な文化」を想定した解釈であるといえる。このような視点ではローマの文化が流入して以降の文化を不純なものとして排除してしまい、そうした文化の現地の人々にとっての意義を適切に位置づけることを妨げることになる。

　こうしたローマ化研究に対する批判はその後も盛んに行われていくことになるが、日本の研究においても栗田伸子が、古代ローマ時代の北アフリカに関する近現代の研究史は帝国主義・植民地主義を色濃く反映してきた問題点を指摘し、近年のローマ化研究批判の動向について詳述している[22]。

　また、近年、こうしたローマ化研究批判の中心を担っているのがポストコロニアル理論の影響を受けた属州研究者たちである[23]。こうした論者たちは、異種混淆化、クレオール化という概念を用いた属州研究を提唱し、従来のローマ化を中心とした属州研究を帝国主義的言説として退けたのである[24]。

　例えば、北アフリカも含めた属州とローマ帝国主義の関係を扱った最近のD. J. マッティンリの研究では、属州の重層的なアイデンティティや文化を示すためにdiscrepancy（矛盾、不一致）という言葉を採用している[25]。異種混淆というタームはローマ文化と属州文化の二項対立を避けようとしたために、両者の緊張関係をあまりにも隠してしまっている。そのため、彼はdiscrepancyというタームを採用することで、両者の不和、不一致を再び挿入しようとしているのである。いずれにしても異種混淆やクレオール同様、属州の文化やアイデンティティの重層性を示す概念を新たに構築しようとしているのである。

　こうしたポストコロニアル理論の影響を受けた研究は従来の「ローマ文

化／現地文化」という単純化された二項対立図式を退け、文化の重層性を考慮した主張を行った点でその功績は大きい。しかし、これらの研究者たちは異種混淆、クレオール、discrepancy という概念を強調しすぎるあまりに、それらを証明することが自己目的化してしまっている。確かに属州文化をローマ化や支配文化に対する抵抗としてしか解釈されていなかった段階では、異種混淆性などの文化の重層性に重きを置いたタームを用いて解釈する有効性はあった。しかしながら、現状において異種混淆性やクレオール性などを証明することが目的化した研究を繰り返すことにそれほど意味はないだろう。なぜならば、北アフリカのように複数の文化が交錯する場所で文化が異種混淆的であるのは当然だからである [26]。

　異種混淆性などの概念を重視し、それを証明することが目的化してしまうと、文化的要素を「ローマ」や「現地」という起源によって分類し、それが混在している時代、地域を探り当てるだけの研究に陥る危険性がある。それは従来のローマ化の進展具合をはかる研究、あるいは現地文化の残存を抵抗として解釈する研究となんら変わりはなく、「純粋な文化」を想定した解釈に陥りかねないのである。

　そこで本書では、文化の混淆性について証明することを目的化することなく、どのような状況で異種混淆的文化が生じたのかという問いを出発点とする。異種混淆的文化が生じてくる過程を具体的なコンテクストに置くことで、単に文化が混じり合ったというだけではなく、その文化がもつ現地の人々にとっての意味に迫ることが可能だろう。そうすることでローマ化研究以来根強く残り、研究者たちが無自覚に陥っている、「純粋な文化」を想定した解釈という問題を回避することができると考える。

3　文化論的転回と新しい文化史

　ここまでローマ支配期北アフリカ研究においていかに文化が解釈されてきたかについて見てきたが、ポストコロニアル理論が影響を及ぼしている

点からもわかるように、こうした研究動向は決してローマの属州研究のみが関係しているわけではない。歴史学研究を含めた学問上の潮流との関係も見ておく必要がある。以下では、他分野も含めた文化に関する研究の潮流を押さえることで、本書の文化に対するアプローチ法を明確にしたい。

文化論的転回

1970年代頃から、構築主義、構造主義、ポスト構造主義などの手法が歴史学、文学、人類学、社会学などに広まった結果、言語論的転回と並んで「文化論的転回（Cultural Turn）」が各分野で盛んに主張されてきた[27]。文化人類学やカルチュラル・スタディーズなどの影響による文化への注目と同時に、文化をいかに語るかということが焦点になるようになったのである。この文化論的転回は、文化を単に社会的現実を反映するものとみなし、社会的現実の因果的な従属物と捉えるのではなく、むしろ社会的現実を構成し、変容させる自律的なものとして捉えていくという学問上の視点の転換をあらわしている[28]。

では、ここでいう文化論的転回における「文化」とはどのようなものなのか。文化論的転回に影響を及ぼした、あるいはその中に含むものとして考えられているC. ギアーツは文化について次のように述べている。

　　文化は、象徴に表現される意味のパターンで、歴史的に伝承されるものであり、人間が生活に関する知識と態度を伝承し、永続させ、発展させるために用いる、象徴的な形式に表現され伝承される概念の体系を表している[29]。

ここではギアーツが文化を「意味のパターン」と述べている点が重要である。つまり彼の理解では、文化には意味の秩序があり、あたかもテクストのように解釈可能なものなのである。ギアーツの文化に関する定義が文化論転回に影響を及ぼしていると考えるならば、先述した「文化が社会的現実そのものを構成する」という文化に関する構築主義的理解が生じる理

由も見えてくる。文化をテクストのように扱うのであれば、言語論的転回における言語が社会的現実を構築するとされているのと同様に、文化についても同様の理解が可能なのである[30]。

　本書においても、ギアーツの示した文化をテクストのように解釈することを試みていく。文化を単に学問上のカテゴリや基準で意味づけるのではなく、あるコンテクストに置かれたときの意味を読み解いていくことで、その文化がそれを受容していた人々にとって、どのようなものであったのかが見えてくるだろう。

　次に、文化論的転回と関係する研究者としてもう一人、カルチュラル・スタディーズの代表的な人物である S. ホールの理論についても触れておく。彼の代表的な研究として "Encoding/decoding" がある[31]。この論文はメディア・メッセージに関するそれまでの見解を覆すものであった。従来、メディア・メッセージは透明なコミュニケーションを前提としていた。つまり、送り手がメッセージの意味を決定し、それが受け手へと妨げられることなく伝達されると考えられていたのである。これに対して、ホールは受け手の側がいかに意味を作り出していくのかに注目する[32]。意味を生産する側、エンコーディング側が意味を決定するにしても、読解する側がそれをそのまま受け取るわけではない。意味を読解する際にそこには多様な解釈の可能性がある。つまり、メッセージの意味を解読する際に、再び読解者によって意味が再生産されることになるのである。

　こうしたホールの理論はその後のカルチュラル・スタディーズの文化解釈に影響を与えていくことになる。また、このような受け手に関する理解は、1970 年代以降の W. イーザーをはじめとした受容理論が唱える読者の創造性[33]や、歴史家 M. セルトーが『日常的実践のポイエティーク』において主張した消費者の創造性[34]に通ずるものである。

　いずれにしても文化を考察する際に、受容者の視点が重要になってくる。もちろん意味を生産する側についても見ていく必要はあるが、同時に意味を読解する側についても考察する必要がある。古代史においては史料上の困難がつきまとうが、本書においては推測の域を出ないにしても、可

能な限り受容者についても言及していく。

　ここまで文化論的転回と本書に関連する限りでの代表的な研究を見てきたが、こうした文化に関する動向は歴史学にも影響を与えている。以下では、文化論的転回に対する歴史学の反応と位置づけることができる新しい文化史について言及する。新しい文化史が提示するアプローチ法は本書全体の視点とも関連するものである。

新しい文化史

　新しい文化史は文化論的転回という潮流のなかで、1980 年代頃に登場してくる[35]。新しい文化史では、文化を文化人類学のように習慣、価値、生活様式、衣食住や身体までも含む広い意味で捉えると同時に、ギアーツのように文化をある種のテクストとして扱っている。

　新しい文化史の提唱者の一人である P. バークはこの新しい文化史の重要な分析概念として表象（representation）と実践（practice）をあげている[36]。また、アナール学派の研究者である R. シャルチエも同じように表象（représentation）と実践（pratique）を重視している[37]。ただし、彼は実践をさらに区分し領有（appropriation）も重要な概念に含めている。

　表象は従来、イメージやテクストが社会的現実を反映しているという意味で用いられてきた。単純にあるテクスト、作品がある現実を表しているという意味で用いられてきたのである。しかし、新しい文化史においては表象によって「現実」が構築される側面が強調される[38]。

　実践は人が生きていく上でなされるあらゆる行為を指し示している[39]。実践概念に大きな影響を与えた社会学者 P. ブルデューは無意識的な慣習行動であるプラティークを意識的な行為であるプラクシス（praxis）と対置するものと考えている[40]。彼の影響もあり、プラティークは無意識の身ぶりや儀礼的行動のことと多くの場合理解されている[41]。

　このような理解から考えるならば、本書の第Ⅰ章から第Ⅲ章までで扱う神殿建設の事例は、エリート層のプラティークではなく、プラクシスと表現すべきである。なぜならば、エリート層には都市の格を上げていくとい

う意図があるとみなせるからである。

　ただし、バークは実践にはパフォーマンスの側面が含まれていると考えている[42]。パフォーマンスという観点から考えるならば、神殿建設を同じ都市民に向けた演出的行為として捉えることができるだろう。

　また、シャルチエが実践とともに領有をあげていることも重要である。領有とは支配的な文化の受容の際に、単にそれをそのまま受け入れ従属するのでなく、独自のやり方、意味で捉えることで、支配的な文化の意味を変えてしまうような実践のことである[43]。本書で扱うローカル・エリートは自らの都市のために「ローマ風」の神殿建設を行っているが、同時にカルタゴの神や現地の神がそこに祀られることで意味が転換されてしまっている。このように考えるならば、地方民が中央の覇権文化を領有していると捉えることが可能であろう[44]。以上のことから本書においては、ローカル・エリートの神殿建設を実践（あるいは領有）と捉えていく。

　以上が新しい文化史の本書と関連する項目についての概略である。こうした新しい文化史の潮流は、ローマ帝国支配期北アフリカの文化に関する研究動向と必ずしも無関係ではない。研究動向で述べたポストコロニアル理論は、新しい文化史と関連した動向としてバークも論じている[45]。また、彼はその著書の終盤に「辺境と遭遇」という項目を設けて、文化的辺境とそこでの文化接触の重要性を指摘している[46]。このような点からも、新しい文化史の流れが古代ローマの属州研究の動向と無関係なものではないことがわかるだろう。

4　本書の構成と問題設定

　ここまで新しい文化史と、重要な概念である表象と実践について見てきたが、本書においてもこの表象と実践（あるいは領有）という視点は重要になってくる。ここでは表象と実践がどのように本論と関わってくるのかについて触れながら、本書の構成を示しておく。そのうえで、改めて本書

の問題設定を提示したい。

　第Ⅰ章から第Ⅲ章では、文化接触とその過程で生じてくる異種混淆的文化を具体的なコンテクストに置いてその意味を解釈するために、北アフリカの一都市であるトゥッガに焦点を当てる。そのうえでトゥッガの人々の宗教的実践を考察することで、彼らの宗教的アイデンティティについて論じていくことになるだろう。

　具体的な対象としては、第Ⅰ章では2世紀に活躍したローカル・エリートであるマルキウス氏族とそのメンバーが行ったカピトリウム神殿建設について考察する。この事例を通して、二つのコミュニティから一つの都市になる上で、それにふさわしい新たな景観と宗教的アイデンティティを獲得していく過程を分析する。

　第Ⅱ章では、2世紀から3世紀前半にかけて公共建築物の建設を盛んに行ったガビニウス氏族に焦点を当て、そのメンバーが建設したコンコルディア、フルギフェル、リベル・パテル、ネプトゥヌス神殿について考察する。ここでは、トゥッガの人々が一つのコミュニティとしてふさわしい新たな宗教的アイデンティティを創り上げる際に、そこに含まれるのはローマの神々だけではなく、複数の要素を含み込んでいたことを示していく。同時に、受容者としてのトゥッガの人々がエリート層の意図とは異なる意味を読み取っていた可能性を提示することになるだろう。

　第Ⅲ章では、トゥッガが単一のコミュニティになる直前に建設されたサトゥルヌス神殿について考察する。アフリカにおけるサトゥルヌスはカルタゴの主神であったバアルが名を変えたものだとされている。こうした現地の人々に昔から信仰されていた神が一つのコミュニティになる直前に、新たな都市の信仰にふさわしい神として選択された過程を分析する。単に文化が混淆しているというだけでなく、そうした異種混淆的文化が生じた意味を提示することになるだろう。

　そして、第Ⅳ章においては、共和政末期から帝政初期にかけてのカルタゴ・イメージについて扱うことになる。この章はカルタゴ表象の分析と言い換えることができるだろう。ここではカルタゴ・イメージがローマ共和

政末期の動乱のなかで、カルタゴ人、特に将軍ハンニバルが国家内部の敵と重ね合わされる言説が生じてくることを指摘する。

　最後の第V章では、ここまで論じた表象と実践を組み合わせることを試みている。第IV章で扱ったカルタゴ表象がローマ支配期カルタゴ周辺地域においてどのような意味をもち、それがトゥッガの人々の宗教的実践とどのように関わっているのかを分析していくことになる。そのなかで、再建されたカルタゴ植民市の人々に対して、ポエニ期カルタゴのネガティブなイメージが付与されていく言説を提示していく。そのうえでポエニ期カルタゴの女神が名を変えたとされるカエレスティスの神殿について考察する。かつてのローマの敵であるカルタゴの記憶をこの女神も引きずっており、「理想」のローマ都市カルタゴの女神であると同時に、かつての敵カルタゴの女神であるという矛盾が何の齟齬もなくカルタゴやトゥッガの人々に受容されていたことを指摘する。

　以上が本書の構成であるが、本書全体を通しての目的と問題設定をここで提示しておく。まず、先述したようにローマ化や抵抗のような二項対立図式での文化変容の理解を避け、トゥッガという具体的なコンテクストのなかでその時代に生じた文化変容の意味を読み解いていく。そうすることで、トゥッガの人々の文化的実践がいかにして宗教的アイデンティティを形作っていったのかを明らかにしていく。

　次に、上記のような文化的実践によって造り上げられた神殿に付加された意味を、どのようにそれを見る人々が受容したかを可能な限り示していく。受容者が神殿から受け取る意味は、必ずしも発信者側の意図と一致しない場合がある。そうしたエンコードとデコードの不一致を示すことで、彼らの宗教的アイデンティティが必ずしも一括りにできるものではなく、多様な要素を含みこんでいたことを解明したい。

　この受容の問題には記憶も関わってくる。ある種の記憶と結びついた文化はその意味を解釈する際に、その記憶が提示する物語による読解を受容者に促すことになる。そのため記憶の問題を扱うということは、エンコード側にもデコード側にも関わってくることになる。第IV章、第V章では、

序　論　13

エンコードとデコードと関わる記憶の問題を扱うことで、受容の問題に迫りたい。

　そして最後にカルタゴ周辺地域の人々にとって「ローマ的なるもの」とはなんであったのかを示したい。そうすることによってローマ帝国全体に関わる問題の一端を解明すると同時に、北アフリカの特異性が示されることになるだろう。

注

※碑文史料における［　］は欠損部分を示している。訳文において欠損部分を正確に示すのは困難であるが、可能な限り欠損箇所をわかるように記した。

※トゥッガの碑文の校訂は基本的に *DFH* に従い、必要に応じて S. Saint-Amans, 2004 を用いた。

(1) 日本の歴史学におけるアフリカの扱われ方の問題については富永智津子「歴史認識の枠組としてのアフリカ地域 —— 世界史との接点を探る」『地域研究論集』4、2002 年、51-62 頁に詳しい。学問、教育上の日本史、西洋史、東洋史、世界史などの区分に関する問題については羽田正「新しい世界史とヨーロッパ史」『パブリック・ヒストリー』7、2010 年、1-9 頁；岡本充弘『開かれた歴史へ —— 脱構築のかなたにあるもの』、御茶の水書房、2013 年、31-54 頁。

(2) フェルナン・ブローデル、浜名優美訳『地中海』全5巻、藤原書店、1991-95 年。

(3) 最近の地中海研究では特異性をもつそれぞれ地域同士の結びつきが重視されている。P. Horden and N. Purcell, *The Corrupting Sea : A Study of Mediterranean History*, Oxford, 2000 ; I. Malkin (ed.), *Mediterranean Paradigms and Classical Antiquity*, London and New York, 2005 など。

(4) 最近の地中海研究のパラダイムについては南雲泰輔「古代地中海世界と日本（特輯「西洋古代史の語り方 —— 現代日本社会のために」)」『古代文化』65、2013 年、93-106 頁に詳しい。

(5) B. D. Shaw, "Cult and Belief in Punic and Roman Africa", in M.R. Salzman and W. Adler (eds.), *The Cambridge Religions in the Ancient World*, vol.2, Cambridge, 2013, pp. 235-263.

(6) Romanness については G. Woolf, *Becoming Roman : The Origins of Provincial Civilization in Gaul*, Cambridge, 1998a; L. Revell, *Roman Imperialism and Local Identities*, Cambridge and New York, 2009; D. J. Mattingly, *Imperialism, Power, and Identity : Experiencing the Rome Empire*, Princepton, 2011 など。

(7) 以下、ローマ帝国支配期北アフリカの歴史については、S. Raven, *Rome in Africa*, 3rd edition, London, 1993, pp. 49ff; C. R. Whittaker, "Roman Africa : Augustus to

Vespasian", in A. K. Bowman, E. Champlin, and A. Lintot (eds.), *The Cambridge Ancient History*, 2d edition, vol. 10, pp. 586-618. および栗田伸子「ローマ支配の拡大と北アフリカ」、歴史学研究会編『地中海世界史1　古代地中海世界の統一と変容』、青木書店、2000年、148-176頁を参考にした。

(8) アフリカ・ノウァと区別するために、従来の属州アフリカはアフリカ・ウェトゥスと呼ばれる。栗田、2000年、161頁。

(9) アフリカ・プロコンスラリス属州創設の年代については近年、論争がある。一般的に紀元前27年が創設の年代とされてきたが、フッシュウィックらは30年までには属州の統合はなされていたとする。D. Fishwick and B.D. Shaw, "The formation of Africa Proconsularis" *Hermes*, vol. 105, 1977, pp. 369-380; id., "On the Origins of Africa Proconsularis I" *Antiquités africaines*, vol. 29, 1993, pp. 53-62. cf. J. Gascou, "La carrière de Marcus Caelius Phileros" *Antiquités africaines*, vol. 20, 1984, pp. 105-120.

(10) カルタゴ再建については本書第Ⅴ章を参照。

(11) 「紀元後」表記については、以後、判然としない場合を除き省略する。「紀元前」、「紀元後」を表記する場合には「前」、「後」を用いる。

(12) Tac. Ann. 2-4.

(13) C. Lepelley, *Les cités de l'Afrique romaine au Bas-Empire, étude d'histoire municipale*, 2 tomes, Paris, 1979/81.

(14) ディオクレティアヌス時代の北アフリカについては大清水裕『ディオクレティアヌス時代のローマ帝国——ラテン碑文に見る帝国統治の継続と変容』、山川出版社、2012年、100-199頁。

(15) 本書で用いるカルタゴ周辺地域という呼称は、特にカルタゴ植民市の領域（pertica）を想定している。本書の主張の射程はかつてカルタゴ文化が流入した北アフリカ全般にある程度当てはまると考えているが、広大な範囲に及び地域差も存在するため、限定をかける必要がある際は、カルタゴ周辺地域を用いる。perticaについての研究は第Ⅰ章注（18）を参照。

(16) 一般に「ローマ化」概念の基礎を築いたとされているのはローマン・ブリテン研究を行ったハヴァフィールドである。F. Haverfield, "The Romanization of Roman Britain", *Proceedings of the British Academy*, vol. 2, 1906, pp. 185-217. ハヴァフィールドと彼に対する批判に関しては、南川高志『海のかなたのローマ帝国』、岩波書店、2003年に詳しい。

(17) T. R. S. Broughton, *The Romanization of Africa Proconsularis*, Baltimore, 1929, pp. 225-228.

(18) 1990年代までの「ローマ化」批判の研究動向については、D. J. Mattingly and R. B. Hitchner, "Roman Africa : An Archaeological Review" *The Journal of Roman Studies*, vol. 85, 1995, pp. 165-213にまとめられている。

(19) M. Bénabou, *La résistance africaine à la romanisation*, Paris, 1976.

(20) Bénabou, 1976, pp. 331ff.

(21) P. D. A. Garnsey, "Rome's African Empire under the Principate", in P. D. A. Garnsey and C. R. Whittaker (eds.), *Imperialism in the Ancirent World*, Cambridge, 1978, pp. 223-254.

(22) 栗田伸子「ローマ帝国と「低開発」——Albert Demanの所論を中心に」『歴史評

論』400、1983 年、60-72 頁；同「ローマとアフリカ —— 脱植民地史学のその後」
『歴史評論』571、1997 年、17-27 頁；同「ローマ支配の拡大と北アフリカ」、歴史
学研究会編『地中海世界史 1 古代地中海世界の統一と変容』、青木書店、2000 年、
148-176 頁。栗田は近年の研究に対して、問題意識が脱政治化・脱軍事化してお
り、「共生」や「変容」という中立的な言葉によって、ローマと先住民の対立の側
面が矮小化してしまっている問題点を指摘している。栗田、2000 年、156-158 頁。
本書も文化面の研究が中心となるため、同じ問題をはらんでいる。ローマと先住
民との緊張関係を覆い隠さずに文化変容をいかに記述するかについては今後の課
題としたい。

(23) M. Millett, *The Romanization of Britain: An Essay in Archaeological
Interpretation*, Cambridge, 1990a; id., "Romanisation: Historical Issues and
Archaeological interpretation", in T. Blagg and M. Millett (eds.), *The Early
Roman Empire in the West*, Oxford, 1990b, pp. 35-41; J. Webster, " Ethnographic
barbarity: colonial discourse and "Celtic warrior societies"", in J. Webster and N.
J. Cooper (eds.), *Roman Imperialism: Post Colonial Perspectives*, Leicester, 1996,
pp. 111-123; id., "Necessary Comparisons: A Post-Colonial Approach to Religious
Syncretism in the Roman Provinces", *World Archaeology*, vol. 28, no. 3, 1997, pp.
324-338; id., "Creolizing the Roman Provinces", *American Journal of Archaeology*,
vol.105, no. 2, 2001, pp. 209-225; Woolf, "Beyond Romans and Natives", *World
Archaeology*, vol. 28, no.3, 1997, pp.339-350; id., 1998a; id., "Romancing the Celts:
a Segmentary Approach to Acculturation", in R. Laurence and J. Berry (eds.),
Cultural Identity in the Roman Empire, London and New York, 1998b, pp. 111-
124; id., *Tales of the Barbarians: Ethnography and Empire in the Roman World*,
Oxford, 2011a; id., "Saving the Barbarian", in E. Gruen (ed.), *Cultural Identity
in the Ancient Mediterranean*, Los Angeles, 2011b, pp. 255-271; R. Hingley,
"Recreating Coherence without Reinventing Romanization", *Digressus*, Supplement
1, 2003, pp.111-119; id., *Globalizing Roman Culture: Unity, Diversity and Empire*,
London and New York, 2005 など。北アフリカに関しては、P. van Dommelen,
"Colonial Constructs: Colonialism and Archaeology in the Mediterranean",
World Archaeology, vol. 28, no. 3, 1997, pp. 305-323; M. Sebaï, "La vie religieuse
en Afrique Proconsulaire sous le Haut-Empire: l'exemple de la cité de Thugga.
Premières observations", in C. Batsch, U. Egelhaaf-Gaiser, R. Stepper (Hrsg.),
Zwischen Krise und Alltag. antike Religionen im Mittelmeerraum, Stuttgart, 1999,
pp. 81-94; id., "La romanisation en Afrique, retour sur un débat La résistance
africaine: une approche libératrice ? ", *Afrique et histoire*, vol.3, 2005, pp. 39-56;
E. Fentress, "Romanizing the Berbers", *Past and Present*, vol. 190, 2006, pp. 3-33;
Mattingly, 2011 など。

(24) マッティンリは、ローマ化概念はもはや機能しないと述べている。Mattingly, 2011,
p. 271. しかし、こうしたローマ化批判の流行はイギリスが中心であり、そのなか
での傾向であるともいえる。P. Le Roux, "La romanisation en question", *Annales.
Histoire, sciences sociales* 59, 2004, pp. 287-311; S. Janniard et G. Traina (eds.), "Sur
le concept de 'romanisation'. Paradigmes historiographiques et perspectives de
recherche", *Mélanges de l'École française de Rome. Antiquité*, 118, 2006, pp. 71-

166 などの例外はあるものの、フランスやイタリアなどへの波及は限定的である。
cf. Woolf, "Romanization 2.0 and its alternatives", *Archaeological Dialogues*, vol.
21, 2014, pp. 45-50.

(25) Mattingly, 2011, p. 29.

(26) 例えば日本思想史研究者の酒井直樹は文化や言語は純粋種に対して雑種性が先行すると主張している。つまり雑種であることこそ通常の状態であり、純粋種は事後的に創り上げられるのである。酒井直樹『死産される日本語・日本人――「日本」の歴史地政的配置』、新曜社、1996 年、189-190 頁。この見解を受け入れるならば、あらゆる文化が異種混淆的であるといえるだろう。

(27) 文化論的転回については V. E. Bonnell and L. Hunt (eds.), *Beyond the Cultural Turn*, Berkeley and Los Angeles, 1999; S. Gunn, *History and Cultural Theory*, Harlow, 2006, pp. 54-81; 吉見俊哉『カルチュラル・ターン、文化の政治学へ』、人文書院、2003 年；佐藤成基「文化社会学の課題――社会の文化理論にむけて」『社会志林』56、2010 年、93-126 頁を参照。

(28) Bonnell and Hunt (eds.), 1999, pp. 1-32; 吉見俊哉、2003 年、7-39 頁。古代史においてもカルチュラル・ターンとういう学問上の傾向を積極的に取り入れた研究は存在する。例えば、D. Martin and P. C. Miller (eds), *The Cultural Turn in Late Ancient Studies: Gender, Asceticism, and Historiography*, Durham (NC), 2005 など。

(29) クリフォード・ギアーツ、吉田禎吾・柳川啓一・中牧弘允・板橋作美訳『文化の解釈学』1、岩波書店、1987 年、148 頁。

(30) 文化論的転回と言語論的転回の関係については、佐藤成基、2010 年、p. 121、注 21 を参照。

(31) S. Hall, "Encoding/decoding", in Centre for Contemporary Cultural Studies (ed.), *Culture, Media, Language*, London, pp. 128-138.

(32) スチュアート・ホールのエンコーディング／デコーディングの理論についてはジェームス・プロクター、小笠原博毅訳『スチュアート・ホール』（シリーズ現代思想ガイドブック）、青土社、2006 年、97-121 頁の整理を参照。

(33) ヴォルフガング・イーザー、轡田収訳『行為としての読書』、岩波書店、1982 年。

(34) ミシェル・ド・セルトー、山田登世子訳『日常的実践のポイエティーク』、国文社、1987 年。

(35) R. Chartier, *Cultural History: Between Practices and Representations*, L. G. Cochrane (trans.), Cambridge, 1988; A. Green, *Cultural history*, Basingstoke, 2008; リン・ハント編、筒井清忠訳『文化の新しい歴史学』、岩波書店、1993 年；ピーター・バーク、長谷川貴彦訳『文化史とは何か』、法政大学出版局、2008 年。

(36) バーク、2008 年、86-98 頁。

(37) Chartier, 1988, pp. 13-14; ロジェ・シャルチエ、福井憲彦訳『読書の文化史――テクスト・書物・読解』、新曜社、1992 年、1-25 頁。

(38) バーク、2008 年、109 頁。

(39) 「慣習行動」と訳されることもあるが、意味が限定されてしまうためここでは「実践」を訳語として用いる。

(40) ピエール・ブルデュ、今村仁司・港道隆訳『実践感覚』（新装版）、全 2 巻、みすず書房、2001 年。

(41) 歴史学のなかでのプラティークの位置づけについては福井憲彦『ヨーロッパ近代

の社会史 —— 工業化と国民形成』、岩波書店、2005 年、281-290 頁。

(42) P. Burke, "Performing History: The Importance of Occasions", *Rethinking History*, vol. 9, 2005, pp. 35-52.

(43) シャルチエ、1992 年、20-22 頁。

(44) ここではこれ以上定義の問題には踏み込まない。本書では実践を「ある行為が何かしらの意味を表出してしまう、あるいは文化的事物に意味を付加してしまうこと」と広く捉える。

(45) バーク、2008 年、69-70 頁。

(46) バーク、2008 年、168-175 頁。

---------- 第 I 章 ----------

トゥッガにおけるマルキウス氏族と
カピトリウム神殿建設

はじめに

　現在のチュニジアのカルタゴ遺跡から南西約 120km の地点にトゥッガ（現在のドゥッガ）と呼ばれるローマ都市の遺跡が存在する。この都市はもともと古代リビア人の集落であり、カルタゴの勃興後はその影響下にあったと考えられている [1]。その後、ポエニ戦争期にヌミディア領となるが、ヌミディアが滅亡し、アフリカ・ノウァ属州が創設されたことにより、トゥッガもローマ支配下に入ることになる。こうした経緯から、リビア、ヌミディア、カルタゴ、ローマという複数の文化が重なり合って形成されているのがこのトゥッガという遺跡なのである。

　このような複数文化が重なり合っている状況はトゥッガだけに限らない。序論でも触れたように、ローマの支配下にあった北アフリカの古代都市では、古代リビアやカルタゴなどのローマ以前の文化とローマ文化が程度の差はあれ折り重なって文化が形成されている。そのため、ローマ時代の北アフリカを研究する際、文化の重層性を念頭に置かなければならないのである。

　序論でも論じたように、ローマ支配期北アフリカの文化に関する研究状況は、こうした文化の重層性をめぐる研究者たちの解釈の変遷として見る

ことができる。北アフリカの文化に関する研究は、長い間、他の属州同様、ローマ化を中心として考察されてきた[2]。つまり文化の重層性は中心的な考察対象にはならず、覇権的なローマ文化がいかに浸透したかが関心の中心をなしてきたのである。

しかし、1960年代以降、ローマ化研究は批判にさらされることとなる。そうした批判の代表的な研究としてベナブがあげられる[3]。彼は、北アフリカにおける文化変容をローマ化に対する現地の人々の「抵抗」として解釈した。ベナブ以降、特に近年ではポストコロニアル理論の影響を受けた属州研究者を中心に、ローマ化研究批判が行われていくことになる[4]。

以上がローマ支配期北アフリカの文化に関する研究の流れであるが、次にこうした研究において、本章の考察対象となる公共建造物の建設を主導したローカル・エリートはどのように位置づけられているのかを見ていく。

まず、ローマ化研究においてローカル・エリートはローマ文化を受容するだけのパッシブな存在として捉えられている。彼らはローマ文化を受け入れ、それを現地に浸透させる伝道者として位置づけられているのである[5]。

他方で、ベナブは現地文化の継続・残存に注目しているため、都市部のエリートはローマ文化を採用している人々として研究の中心からは排除されている。彼の主張はローマ化研究とは真逆ではあるものの、ローマ文化をパッシブに受け入れるだけの存在としてエリートを位置づけている点において、両者は同じである[6]。

近年のポストコロニアル理論の影響を受けた研究においては、ローカル・エリートの「戦略」を重視し、現地住民により積極的な役割を見出すものが出てきている。例えば、M.ミレットやA.ウルフは属州における文化変容に関してエリート層の果たした役割に注目している[7]。彼らは、ラテン語やローマ風の習慣を採用する際に、エリート層が自らの権力と地位を維持する手段として戦略的な「選択」を行ったことを強調している。

こうした流れを受けて、北アフリカの研究においてもローカル・エリートの積極的役割を強調する研究が出てきている。例えば、カルタゴ周辺地

域における宗教に関して研究を行ったJ. B. リーブスがあげられる[8]。彼は一貫して、北アフリカの異種混淆的文化がローマ化やベナブの述べる「抵抗」によってもたらされたのではなく、属州民、特にエリート層の戦略的な「選択」の結果であることを強調している。

　しかし、こうしたエリート層の戦略を重視する研究に対し批判もある。例えばR. ヒングリやJ. ウェブスターなどは従来の研究が都市部やエリート層に集中してきたことを指摘し、田園部や下層民を見るべきだとし、ローカル・エリートの戦略を重視する研究を批判している[9]。

　確かに、今まで研究対象から排除されてきた田園部に焦点を当てる必要性を訴えることは当然なされてしかるべきことである。しかしながら、属州文化を考察する上で、田園部が欠かせないのと同様に、都市部もそれを構成する要素であるのは確かなことである。彼らの研究はローマ文化が浸透している都市部ではなく、ローマの影響が比較的少ないであろう田園部を重視し、現地文化の残存・継続あるいは異種混淆的文化を見出していくわけだが、そこにこそローマの影響が色濃い都市民を除外していく排除の意識が反映しているように思える。

　また、こうしたヒングリやウェブスターのような批判者たちはローマ文化／現地文化といった単純な二項対立を避ける傾向があるが、田園部を強調するあまりに都市＝ローマ文化／田園＝現地文化という二項対立が、結果的に回帰しているようにみえる。都市部においても市民権を持たない人々の存在を考慮するならば、田園部のみに現地の人々が存在しているわけではない。また、本章で扱うローカル・エリートに関しても、多様な出自や立場をもっており一括りできるものではない。ローマ化という基準が曖昧になった現状においてこそ、ローマ文化に最前線でさらされていたローカル・エリートに焦点を当て再検討することが必要である。

　ここで、トゥッガ研究においてエリート層はどのように扱われているか見ておく。後述するようにトゥッガには現地人のコミュニティのキウィタスとローマ市民権保持者からなるコミュニティの二つのコミュニティが存在していた。1世紀から2世紀のトゥッガの研究において、この二つのコ

ミュニティとエリートの関係が問題になってきた。

　まず、1958 年にトゥッガ遺跡について詳細に論じた C. ポワンソは、2 世紀における両コミュニティの接近と新しくローマ市民権を獲得したエリートの存在について別々に触れてはいるが、2 世紀の政治的変化というコンテクストのなかで、この新しく生じたエリート層が公共建造物の建設の多くを担ったことの意味については論じてはいない [10]。

　新たな発掘の成果が報告され始めた 1990 年代以降になると、こうした新たに生じたエリートに関する詳細な分析と彼らが担った公共建造物建設の意義について論じている研究が出てくるようになる。例えば、2004 年に最新の発掘の成果を駆使しながら、宗教関連碑文について詳細に論じた S. サン・アマンは、2 世紀に登場したキウィタス出身の新たなエリート層が行った公共建造物建設が都市を発展させたことを指摘している。また、そのようなエリート層の活動がローマとアフリカの神々の共同体を創り上げ、宗教的・社会的・法的アイデンティティの融合をもたらしたと主張しているのである [11]。2 世紀に新たなエリート層が生じ、そのエリートが新たな宗教的アイデンティティを形成したとする指摘は、細部の差はあるものの、リーブスや近年のトゥッガの碑文研究の成果をまとめあげた *Dougga, fragments d'histoire*（以下、*DFH*）にも共通するものである [12]。

　筆者もこの主張に基本的には同意し、本章においても類似した主張を行っている。しかしながら、こうした主張を行っている研究に決定的に欠けている視点がある。それは受容者の視点である。こうした研究の視点は、基本的に文化を形成する際に意味を付与するエリート側の視点で語られている。しかしながら、ローカル・エリートが担った文化の意義を考える際に、文化に意味を与える側だけではなく、それを読み解く側の視点も取り入れる必要があるだろう。

　もちろん古代史において受容の問題を扱うのは史料上困難であり、場合によっては不可能なこともある。しかしながら、たとえわずかな証拠からの推測でしかないとしても、意味を付与する側と同時に受容者の視点も念頭に置き考察を進める必要はあるだろう。

また、エリート層も見方を変えれば同時に受容者である点も忘れてはならない。彼らも同じ空間で生活し、同じ景観を受容していたのである。つまり、エリート層の公共建造物建設はそれまで創り上げられた景観を前提とした上での反応として捉えることもできるのである。そのことを考慮にいれるのであれば、エリート層の意図やその他の証拠を積み上げることで、受容の問題についても一定程度の指摘は可能だと考える。

以上のことを踏まえた上で、本章と次章ではローマ帝国支配期北アフリカにおける文化形成においてローカル・エリートが果たした役割について考察していく。その際、ローカル・エリートが文化形成のために行った実践を具体的に見ていくために、トゥッガが一つのコミュニティになる前世紀である2世紀に台頭したマルキウス氏族（本章）とガビニウス氏族（次章）に焦点を当て考察する。

もちろん、これらの事例はあくまで一事例に過ぎないため、北アフリカのローカル・エリートと文化形成の関わりについて全般的に考察できるわけではない。しかし、先述したようにトゥッガがローマ市民権保持者のコミュニティと現地人のコミュニティという二重のコミュニティを有していたこと、そして2世紀頃から両コミュニティと関係を持つ形でローカル・エリート層が形成されたことから、この事例を考察することで二つの文化が接触するなかでの文化とローカル・エリートの関わりの一側面を示すことができるだろう。

以上の考察を進めることで、トゥッガという都市内部でローカル・エリートが「共通言語的」な文化形成において果たした役割を明らかにしていく。

1 トゥッガ概略

(1) 二つのコミュニティ

上述したようにトゥッガはカルタゴの南西約 120km の内陸部に位置する都市であり、比較的遺跡や碑文の残存状況も良好であることから、北アフリカ研究における貴重な情報源となっている。

1882 年にフランスによる最初の正式な調査が行われて以降、ローマ時代の遺構を中心に積極的に発掘調査が行われてきた。チュニジア独立後も国立考古・美術研究所（L'institut national d'archéologie et d'art）を中心に発掘は継続され、1990 年代からチュニジア政府が国立考古学公園として遺跡の整備に力を入れ始めたのを皮切りに、1996 年にはボルドーで "Dougga: études épigraphiques" と題された会議が開催された [13]。さらに、1997 年には世界遺産に登録されるなど、近年、注目されている遺跡である。現在、この遺跡で見ることができる大半の建造物が 1891 年から 1954 年にフランス主導で行われた発掘によるものであり、最近ではフランスだけでなくドイツのフライブルク大学と協力して発掘が進められている [14]。

先述した通りトゥッガはカルタゴ・ヌミディア時代を経てローマの支配下に入り、その後、アフリカ・ノウァの中心的な都市として繁栄した。後 2 世紀には「ローマ風」の公共建造物が続々と建てられ、205 年にはムニキピウムとなり、261 年にはコロニアに昇格することになる [15]。

ローマの支配に入って以降、トゥッガには現地の人々のコミュニティであるキウィタス（civitas）と、アウグストゥス治世に入植したローマ市民権保持者のコミュニティであるパグス（pagus）の二つのコミュニティが存在していた。この二重性はトゥッガが 205 年にムニキピウムになると解消されていくことになる [16]。

政治体制に関しては、パグスは正式に認められたものではなかったため、政務官等は存在しておらずカルタゴ植民市が間接的に管理したといわ

れている[17]。つまり、パグスはカルタゴ植民市の外部地区として扱われており、パグスのローマ市民権保持者はカルタゴ植民市の市民と同等の扱いであった。そのため、パグスの市民権保持者はカルタゴ植民市の市民が保持していた免税特権（immunitas）を同じように有していた[18]。こうしたことから、パグスはキウィタスの現地人と同じ場に居住しながら、法的に完全に別のコミュニティを形成していたといえるのである。

　他方でキウィタスのほうは、ローマ征服期以前のものに関しては、詳細はわからないものの、リビア語・カルタゴ語2言語碑文から1年任期の一人の最高官職や百人会と呼ばれる評議会をもつ政治制度をとっていたと考えられている[19]。

　しかし、その政治制度は後1世紀中頃には大きく変化していたことが48年から49年頃に年代づけられる碑文からわかっている。

　神君アウグストゥスとティベリウス・クラウディウス・カエサル・アウグストゥス・ゲルマニクス、大神官、護民官職権を8回保有し、最高軍事司令官として16回歓呼され、コンスルに5度就任したる者、国父、ケンソルに捧げる。ガイウス・アルトリウス・バッスス、神官、造営官、二人委員、クラトル・ルクスタエ、パグスの保護者が奉献した。神君アウグストゥスの司祭という名誉を成し遂げたる者、ティノバの息子、ユリウス・ウェヌストゥスと妻ガビニア・フェリクラと息子ファストゥスが自費でなした。彼（ユリウス・ウェヌストゥス）に対し、父祖の功績のために、セナトゥスと民衆はスフェテスの装飾を全ポルタエの承認をもって好意から決定した。彼と父ファウストゥス・ティノバ、神君アウグストゥスの司祭という名誉を成し遂げし者、彼の兄弟たちフィルムス、彼の功績によりキウィタスがスフェテスの装飾を認めし者、サトゥルス、キウィタスと民衆によって2度スフェテスに選ばれし者、インスティトル、神君アウグストゥスの司祭という名誉を全うしたる者の名において。クラトル、息子ユリウス・フィルムス[20]。

この碑文は、パグスの保護者であるガイウス・アルトリウス・バッスス なる人物が神君アウグストゥスと皇帝クラウディウスに対し祭壇を奉献し たことが記されたものであるが、その内容からキウィタスはセナトゥス （senatus）と呼ばれる評議会を持ち、住人はポルタエ（portae）と呼ば れる投票単位に分けられ、さらに最高官職はスフェテス（sufetes）とされて いたことが確認できる[21]。セナトゥスはローマの元老院を指す言葉であ る一方で、ポルタエとスフェテスはカルタゴのものであり、内実はわから ないにしても、少なくとも呼び名においては一般的なローマの都市と違 い、ローマとカルタゴのものが混在していたことをここから読み取ること ができる。

ベナブはこのことに関して「アフリカ的要素の生命力」を示すものと解 釈している[22]。しかし、すでに指摘したように、このような解釈では現 地の人々を、現地文化を残存させるだけのパッシブなものとしてしか捉え ていないことになる。むしろ、こうした名称の混在は現地の人々の選択の 結果として読み解くべきであろう。つまり、ローマ由来のものであれ、カ ルタゴ由来のものであれ、その起源に関係なく現地の人々は自らの政務官 等の名称を選び取っていたわけである。こうした一見、一貫していないよ うに見えるあり方こそ、現地の人々が名称の起源に縛られることなく選択 していたことを示しているだろう。このことは本章と次章で考察するロー カル・エリートによる神殿建設における選択的なあり方を異なる側面から 示す一つの証左と見ることができる。

以上で示したように、二重のコミュニティを有したトゥッガは政治制度 や都市自体が異種混淆的であったといえる。こうした都市の状況と関連し て、トゥッガの人々がローマ市民権を獲得する経緯と所属するトリブスに 関してもある種の二重性が確認できる。

どのトリブスに属しているかはカルタゴ周辺地域におけるローカル・エ リートがどのような経緯で市民権を獲得したかを推測する上で重要な指標 となる。トリブスはもともと共和政期のトリブス民会の投票単位であった が、ローマの市民権が拡大されるとともに拡大されていき、帝政期になる

第 I 章　トゥッガにおけるマルキウス氏族とカピトリウム神殿建設　27

と市民権を獲得した属州民も各トリブスに属するようになる [23]。

　カルタゴ植民市の場合、アルネンシス選挙区に属することになり、カルタゴ植民市と同じように扱われたトゥッガのパグスの住民もアルネンシス選挙区に属していた。他方で、クィリナ選挙区はトゥッガにおいて後から市民権を得た者が属したものとされている [24]。つまり、もともとキウィタスの住人であった者が市民権を得た場合に属するトリブスがクィリナ選挙区であったのである。さらにいえば、それはキウィタスから台頭してきた現地出身のエリート層を示す指標ともなる。後述するが、このクィリナ選挙区は 2 世紀半ばには碑文から姿を消し、代わりにパピリア選挙区が採用されることになる [25]。

（2）両コミュニティの保護者

　ここではまず 1 世紀から 2 世紀にかけてトゥッガのエリートの称号として碑文に頻繁に登場するパグスとキウィタスの保護者［パトロヌス］（patronus pagi et civitatis）について見ていく [26]。この保護者は本章と次章で扱うマルキウス氏族とガビニウス氏族とも深く関わっている。また、この保護者のあり方を分析することで 1 世紀から 2 世紀にかけてトゥッガの人々の二重のコミュニティに対する姿勢の変化を推察することができる。

　巻末付録の表 1 は 1 世紀から 2 世紀にかけてトゥッガのパトロヌスとして確認されている事例を並べたものであり、色を塗って強調してあるものがパグスとキウィタスの保護者である。1 世紀から 2 世紀にかけてトゥッガのパトロヌスは24名が確認されている。そのうち 1 世紀において登場するパトロヌスは 9 名（巻末付録の表 1、番号 1-9）だが、片方のコミュニティのパトロヌスが大半であり、この時代の両コミュニティのパトロヌスは 1 名（巻末付録の表 1、番号 5）しか確認できない。対照的に 2 世紀になるとパトロヌスとして知られている 13 人（巻末付録の表 1、番号 10-22）の人物のうち確定できるものだけでも 9 名（巻末付録の表 1、番号 11-15、17、18、21、22）が両コミュニティのパトロヌスとして現れる [27]。

先述したように、両コミュニティが統合されるのはトゥッガがムニキピウムになる205年においてである。その直前の時期である2世紀において両コミュニティを横断する形でパトロヌスが出てくることから、両者の接近を示すものと捉えることができる。それと同時に、片方のパトロヌスではなく、パグスとキウィタスの保護者という両コミュニティをつなぐパトロヌスのあり方が選択されたとみなすこともできるだろう。両コミュニティをつないでいこうとする政治状況がこうした選択を促し、パグスとキウィタスの保護者という両コミュニティの名を付されたパトロヌスが主流になることによって、両者の境界を一層弱めていくことになったのである。

本章で中心的に論じるマルキウス氏族はこの両コミュニティをつなぐパトロヌスを担う人物を複数人輩出している。この氏族はトゥッガが一つのコミュニティになる前世紀である2世紀に活躍したローカル・エリートである。このマルキウス氏族は両コミュニティを横断するエリートとして位置づけられることから、この時期の両コミュニティのあり方とエリート層の果たした役割を見る上で有用な事例であり、この事例を考察することでトゥッガが一つのコミュニティにいたる直前の時期のエリート層の状況を浮き彫りにすることが可能だろう。

2　マルキウス氏族

本節では碑文から判明するマルキウス氏族の事績を見ていく[28]。この氏族に言及している碑文は全部で11件存在する[29]。碑文で確認されている最古の人物がクィントゥス・マルキウス・マクシムスである。彼はアルネンシス選挙区ではなく、クィリナ選挙区に属していたことがわかっている[30]。つまりもともとキウィタスに属していたエリートであり、いずれかの段階で市民権を獲得したものと考えられる。

彼にはルキウス・マルキウス・シンプレクス、ププリウス・マルキウス・クアドラトゥス、ガイウス・マルキウス・クレメンスの3名の息子がおり、

第Ⅰ章　トゥッガにおけるマルキウス氏族とカピトリウム神殿建設　29

全てパグスの市民と同じアルネンシス選挙区に属している[31]。また、以下で見るように彼らはカルタゴにおいてキャリアを積んでいたこともわかっている。

　まずはシンプレクスから詳細を確認していく。彼はカルタゴにおいて造営官、神君アウグストゥスの祭司であった。さらに五審判人団（quinque decuriis）に任命されている。また彼はカルタゴだけでなくトゥッガにおいても終身祭司を担っており、さらにはパグスとキウィタスの保護者にもなっている。次節で詳細に分析するが、シンプレクスは息子のルキウス・マルキウス・シンプレクス・レギリアヌスとともに166年から168年頃にカピトリウム神殿を建設している[32]。

　次にクアドラトゥスについて分析する。彼はカルタゴにおいて神祇官、神君アウグストゥスの祭司、五審判人団になっており、シンプレクス同様、カルタゴでキャリアを積んでいる。また、トゥッガにおいてもシンプレクスと同じように終身祭司、パグスとキウィタスの保護者を担っている。

　3人目のクレメンスはカルタゴにおいてウェスパシアヌスの終身祭司、そして他の二人同様に五審判人団になっている。

　またシンプレクスのカピトリウム神殿以外に、クアドラトゥスが注目すべき公共建造物の建設を行っている。それがトゥッガにおける劇場建設である。以下に引用した碑文は、この劇場の列柱上部のエンタブレチュアに観客席側に向かって刻まれたものである。

　　プブリウス・マルキウス・クアドラトゥス、クィントゥスの息子、アルネンシス選挙区、神君アウグストゥスの祭司、コロニア・ユリア・カルタゴの神祇官、［皇帝アントニヌス・アウグストゥス・ピウスから］五審判人団に［任じられし者］が、終身祭司の名誉に際し、バシリカ、ポルティコ、xysti[33]、幕付きの舞台、全ての装飾とともに彼の故郷に劇場を［基礎から建設し］、自費で演劇、施しの贈与、祝宴、体育場（のための油）を奉献した[34]。

写真1　トゥッガ劇場
(筆者撮影)

写真2　トゥッガ劇場
(筆者撮影)

この碑文で注目すべきは「彼の故郷に（patriae suae）」の部分である。この箇所について *DFH* ではトゥッガの二つのコミュニティと理解するべきだと述べられている[35]。マルキウス氏族がそもそもキウィタスから台頭し、パグスの一員になっていったことを考慮するならば、ここでは二つのコミュニティ、つまりトゥッガ全体のために劇場を建てたと理解することは妥当であろう。そのように考えるならば、この劇場は両コミュニティをつなぐ役割を果たしたパグスとキウィタスの保護者が、片方のコミュニティのためでなくトゥッガを全体として扱う形で建設を行ったということになる。つまり、この碑文は単に「ローマ風」の設備を整え、都市の格を上げるというだけでなく、両コミュニティを一つのものとして扱うことを観客に向かって示していたことになるのである。

また、マルキウス・マクシムス、シンプレクス、クレメンスの三者の功績を両コミュニティが讃えた碑文が残されている。以下がその碑文の引用である。

　　クィントゥス・マルキウス・マクシムス、クィリナ選挙区、息子ルキウス・マルキウス・シンプレクスの気前の良さと、彼自身の功績に報いて、トゥッガのパグスとキウィタスが、（彼の）死後に、都市参事会の決定によって公の費用で（像を建てた）。クラトル、ガイウス・モディウス・ルスティクス、ルキウス・ヌミッシウス・ホノラトゥス、ユリウス・マケル、クィントゥスの息子サルスティウス・ユリアヌス[36]。

　　ガイウス・マルキウス・クレメンス、クィントゥスの息子、アルネンシス選挙区、コロニア・ユリア・カルタゴの神君ウェスパシアヌスの祭司、皇帝アントニヌス・アウグストゥス・ピウスにより五審判人団に選ばれし者に、兄弟であるルキウス・マルキウス・シンプレクスの気前の良さと彼自身の名声を讃えるために、トゥッガのパグスとキウィタスが都市参事会の決定によって公の費用で（像を建てた）。[クラトル]、ガイウス・モディウス・ルスティクス、[ルキウス・ヌミッシウス・ホ] ノラ

トゥス、ユリウス・[マケル、クィントゥスの息子サルスティウス・ユリ
アヌス] [37]。

　ルキウス・マルキウス・シンプレクス、クィントゥスの息子、アルネ
ンシス選挙区、パグスと［キウィタスの保護者］、［終身］祭司、コロニ
ア・ユリア・カルタゴの［神君アウグストゥスの］祭司、造営官、皇帝
アントニヌス・［アウグストゥス］により五審判人団に選ばれし者に、彼
の卓越した気前の良さに報いて、トゥッガのパグスとキ［ウィタス］が
都市参事会の決定によって公の費用で（像を建てた）。クラトル、［ガイ
ウス・モディ］ウス・ルスティクス、ルキウス・ヌミ［ッシウス］・［ホ
ノ］ラトゥス、ユリウス・マケル、クィントゥスの息子［サ］ルスティ
ウス・ユリアヌス [38]。

　三者の事例とも 166 年から 168 年に年代づけられ、クアドラトゥスが建
設した劇場に建てられていたものと考えられている [39]。ここではパグス
とキウィタスが共同で三者を讃えている点が重要である。クレメンスとシ
ンプレクスはカルタゴにおいてキャリアを積んでおり、カルタゴの名も碑
文には出てきているが、同時にトゥッガの両コミュニティとも関係を保っ
ていたことがここからわかるだろう。つまり、2 世紀はマルキウス氏族や
次章で考察するガビニウス氏族のようなパグスとキウィタスと関係をもっ
たエリートが台頭し、両コミュニティの保護者を担いながら公共建造物を
建設し、都市の景観を新たなコミュニティとしてふさわしいものに変化さ
せていった時代だと考えられるのである。

3　カピトリウム神殿

　先述したようにこのマルキウス氏族のメンバーであるシンプレクスと息
子のシンプレクス・レギリアヌスが 166 年から 168 年頃にフォルムの東側

に建設したのがカピトリウム神殿である。現在見ることができる神殿は20世紀初頭にフランスの発掘隊によって復元されたものである[40]。以下に引用する碑文は、カピトリウム神殿建設と二人の奉献者について刻まれたものである。

　　最大最善のユピテル、女王ユノ、ミネルウァ・アウグスタに捧げる。皇帝カエサル・マルクス・アウレリウス・アントニヌス・アウグストゥスとルキウス・アウレリウス・ウェルス・アウグストゥス、アルメニア人とメディア人に勝利したる者、パルティアの偉大な勝利者、そして

写真3　カピトリウム神殿（内部）
（筆者撮影）

写真4　カピトリウム神殿（ペディメント）
（筆者撮影）

写真5　カピトリウム神殿（正面）
（筆者撮影）

［全ての神君の］家族の壮健のために、［ルキウス・マルキウス］・シンプ
レクスとルキウス・マルキウス・シンプレクス・レギリアヌスが自費で
建設した[41]。

　この碑文はカピトリウム神殿の正面のアーキトレーブに掲げられたもの
である。先述したようにフォルムの東側に隣接して建っていることもあ
り、フォルムに向かって開かれているわけではなく、南側に向かって開か
れている造りである。内部には三つのニッチのあるケラがあり入り口上部
には奉献者の名が記されたもう一つの碑文が掲げられている[42]。この三
つのニッチのうち中央の一番大きなニッチにはユピテルの神像が建てられ
ていたと考えられており、その両脇のニッチにはユノとミネルウァの像が
置かれていたとみなされている[43]。神殿正面のコリント式列柱上部のペ
ディメントは、鷲の背中に乗る男のレリーフで飾られており、これはアン
トニヌス・ピウスが神格化する姿を描いたものと考えられている[44]。

　では、この都市ローマを象徴するようなカピトリウム神殿を、マルキウ
ス氏族のメンバーが建設したことをどのように解釈できるのだろうか。カ
ピトリウム神殿については過去1世紀以上にわたって研究が行われてきた
が、それらの研究では、基本的にカピトリウム神殿をローマ都市、特に植
民市の共通の特徴であり、属州のカピトリウム神殿はローマとカピトリウ
ム神殿の関係のコピーであるとみなされてきた[45]。

　例えば、属州のカピトリウム神殿について19世紀末に研究したJ. トゥ
タンは、属州のカピトリウム神殿を程度の差はあれ、その形式やコンセプ
トにおいて都市ローマの神殿を想起させるものとして位置づけている[46]。

　こうした見解は細部の差異はあるものの、その後の研究でも繰り返され
てきたといえる[47]。例えば、D. J. ガルゴラはローマの植民市は共通した
要素を持っており、ローマのものを手本にしたカピトリウム神殿をそのう
ちの一つと指摘している[48]。

　以上のように、カピトリウム神殿に関する研究は長い間、ローマのカピ
トリウム神殿をコピーしたものが属州に導入され、それがローマ都市の特

徴の一つをなしたとする見解が主流であった。こうした流れを受けて、北アフリカの研究においても類似した見方がなされてきたといえる。つまり、カピトリウム神殿がローマ都市の共通の要素としてローマ化の進展を示していると解釈されてきたのである。

例えば、北アフリカの都市政治について研究したJ. ガスクは北アフリカのカピトリウム神殿の建設をローマ化の進展とムニキピウムへの昇格の前兆を示すものとして捉えている[49]。ガスクの見解のうち、ムニキピウムへの昇格と関連させる部分については、都市の格を上げるという広い意味で捉えるならば概ね賛同できる。しかし、ローマ化の進展とする部分に関しては、それぞれのコミュニティが置かれている状況の差異を無視しており、同意できない。少なくともローマ化という一言で済ますのでなく、何かしらの補足が必要であろう[50]。

もちろんカピトリウム神殿がもつローマを代表する神殿としての象徴的意味を否定するつもりはない。しかしながら、トゥッガのカピトリウム神殿の事例の場合、当時のトゥッガが二重のコミュニティを抱えていた点、そして建設を主導したのが両コミュニティの保護者である点を考慮するならば、ローマ化の一言で済ませてしまうのは問題である。ローマ化という言葉があまりにも広い意味を持ちすぎているために、それぞれのコミュニティで多様であるはずの文化変容を一つの言葉にまとめ、その差異を捨象してしまっているのである。

カピトリウム神殿をローマ都市の共通の要素と見る伝統的な見解に対して、批判も存在する。属州のカピトリウム神殿について網羅的に考察したI. M. バートンは多くの例外があることを指摘している[51]。例えば、カピトリウム神殿はローマのものと同様、三つのケラをもつとされてきたが、彼は多くのカピトリウム神殿がそれを持たず、むしろカピトリウム神殿以外の神殿が三つのケラをもつ場合さえあると主張している。

このように伝統的な見解に対して部分的修正が行われているなかで、そうした修正が不十分だと主張したのが、J. C. クインとA. ウィルソンである[52]。彼らは、属州におけるカピトリウム神殿を含むフォルムをローマ

のフォルム・ロマヌムを小規模に複製したものであり、ローマ都市、特に植民市において共通のものであるとする伝統的な見解に対して、そもそもアフリカ以外の属州で確実に確認できるカピトリウム神殿があること自体が稀であると指摘する[53]。そのうえで多くのカピトリウム神殿が確認できる北アフリカにおいては、その地方なりの理由、説明を見出す必要があるとし、特にローカル・エリートの影響力に注目している。彼らはトゥッガを含めた北アフリカのカピトリウム神殿建設を、成長したローカル・エリートがイニシアティブを握り、自身の都市の重要性とより広いローマ帝国に属することを示す有効な手段であったとみなしている[54]。

　カルタゴ周辺地域の宗教を考察したリーブスも、クインらと類似した見解を示している。彼はトゥッガのカピトリウム神殿建設を、奉献者は単なるローマ帝国やその文化に従属する者ではなく、帝国を保護する神々のネットワークへの参加者である点を強調している。つまり、ローカル・エリートである奉献者の主体性を重視しているのである。さらに、彼はこうした神殿が一つの都市として新たな宗教的アイデンティティを思い起こさせるものであると指摘している[55]。

　リーブスの見解は大枠の部分では賛同できるが、トゥッガの具体的な状況に関する分析が不足している。彼の研究はカルタゴが中心であるため、このことは仕方のないことではある。しかしながら、本章の目的は、可能な限り具体的なコンテクストのなかでエリート層の実践を見ていくことで、ローマ化概念のような広いカテゴリでは捨象されてしまう細部を拾い上げることであるため、リーブスの研究では不足している細部の情報を補完する必要がある。以下では、カピトリウム神殿建設を取り巻くトゥッガの政治状況を明らかにすることで、リーブスの見解を補完し、このマルキウス氏族によるカピトリウム神殿建設を意義づけていく。

　2世紀を通して、両コミュニティが徐々に接近したことはもうすでに考察した。しかし、このカピトリウム神殿が建設された166年から168年頃のトゥッガの状況をより詳細に見ると、大きな変化がこの時期に起きていたことが見えてくる。

まずパグスにおいて起きていた変化について言及する。先述したように、パグスはカルタゴ植民市が間接的に管理している状態であった。遠く離れた場所でありながらカルタゴの一部のように扱われていたのである(56)。しかし、カピトリウム神殿建設とほぼ同じ時期、167年から168年に両者の関係に変化が生じる。以下に引用した碑文にはその変化が記されている。

　　［皇帝］マルクス・アウレリウス・アントニヌス・アウグストゥス、アルメニア、メディアの征服者、パルティアの最大の征服者神君ピウスの息子、神君ハドリアヌスの孫、神君トラヤヌス、パルティアの征服者の曾孫、神君ネルウァの玄孫、大神官、最高軍事司令官として5回歓呼され、コンスルに3度就任し、護民官職権を22回保有したる者、国父に。比類なき恩恵のおかげで、遺贈を受ける権利を獲得したことを理由に、都市参事会が決定した。［公の］費用にて(57)。

　この碑文にはパグスが遺贈を受ける権利 (ius capiendorum legatorum) を獲得したことが記されている。この権利はネルウァの治世以降、全ての都市が保持していた権利である(58)。つまり遺贈の権利獲得というこの出来事は、パグスが完全にカルタゴ植民市に依存していた状態からの部分的な離脱を意味しているのである。

　2世紀を通してパグスとキウィタスが接近していくなかで、パグスは単にカルタゴ植民市に従属する存在ではなく、自分たちのコミュニティとしてのトゥッガを意識し始めたことが、この事例から確認できるだろう。

　この時期に変化が生じていたのはパグスだけではない。キウィタスのほうでも特筆すべき転換が起きていた。トゥッガにおいて新たにローマ市民権を獲得した者はクィリナ選挙区に属するようになることはすでに述べた。しかし、マルクス・アウレリウス治世を最後にクィリナ選挙区が碑文に刻まれることはなくなる。その代わりに登場してくるのがパピリア選挙区である(59)。2世紀半ば以降、パピリア選挙区に属する13名の人物が確

認でき、最初の人物は 161 年から 168 年頃に年代づけられるカルプルニウス・ロガティアヌスの事例である[60]。つまり、マルクス・アウレリウス治世期に新たに市民権を獲得した者の属するトリブスがクィリナ選挙区からパピリア選挙区に切り替わったことが推察できるのである。

　研究者たちはこうしたトリブスの変化を次のような同時期のキウィタスの変化と結びつけて解釈している。この同じ時期に、civitas Aurelia Thugga という名が碑文に登場するようになり、キウィタスに対し Aurelia というエピセットが付与されたとみなされているのである[61]。サン・アマンを含めた研究者たちはこの変化とトリブスの変化を結びつけ、マルクス・アウレリウス治世に Aurelia という名がキウィタスに付与され、同時に従来のクィリナ選挙区ではなくパピリア選挙区が新たなローマ市民権獲得者のトリブスとして採用されたと推測しているのである[62]。少なくともこの時期にキウィタスのほうでもコミュニティのあり方に何かしらの変化が生じたと考えることができるだろう[63]。

　この推測が正しいならば、パグスにおける遺贈を受ける権利獲得とキウィタスにおける変化がマルクス・アウレリウス治世に生じたことになる。バートンは、ガスクの研究を引用しつつ、こうした動きをカルタゴ植民市に依存することをやめ、キウィタスとパグスが一つになりムニキピウムへといたる準備段階と位置づけ、カピトリウム神殿建設はそのようなコミュニティの進展を示すものと主張している[64]。他にも、クインとウィルソンの研究や DFH においても同様に、カピトリウム神殿はこの時期の両コミュニティにおける変化の象徴として捉えられている[65]。

　以上のカピトリウム神殿とその時代のトゥッガの変化についての解釈を、リーブスの見解とあわせて考えるならば、次のような主張が可能であろう。両コミュニティの保護者の増加などからわかるように、2 世紀前半から徐々に両コミュニティは接近していた。そうした動きが 2 世紀半ばにはより顕著になり、パグスはカルタゴ植民市にただ従属する立場をやめ、部分的にではあるが独自の動きをし始めた。キウィタスのほうは、詳細はわからないものの、civitas Aurelia Thugga という新たな名と新たなトリ

ブスという変化を考慮するならば、この時期に自分たちのコミュニティを
新しく捉えなおそうとする動きが生じたと考えて良いだろう。

このような新たな段階にいたった両コミュニティを象徴するものとし
て、カピトリウム神殿が建設されたと考えられる。ローマを代表する神殿
としてのカピトリウム神殿の象徴性は、新たな段階にいたった両コミュニ
ティが自分たちの宗教として選び取るのにふさわしいものであったに違い
ない。リーブスが述べているように、この神殿がトゥッガとしての新たな
宗教的アイデンティティを思い起こさせるものとして機能したのである
[66]。そのような新たな宗教的アイデンティティを形成する際に、両コ
ミュニティをつないでいく重要な役割を果たしたのが、マルキウス氏族の
ような両コミュニティの保護者を担ったローカル・エリートであったとい
えるだろう。

また、次章で考察するガビニウス氏族がカピトリウム神殿建設以前に
フォルムにポルティコを建設しており、両氏族によってフォルム周辺の景
観が大きく変わったことも重要である（巻末付録の図1（1）から（3）参
照）。詳細は次章で論じるが、マルキウス氏族やガビニウス氏族のような
両コミュニティと関係を持つエリートが2世紀に都市の景観を大きく変化
させた。そうした景観の変化の象徴的なものとしてこのカピトリウム神殿
を位置づけることができるだろう。この時期にトゥッガのエリートたちは
新たな段階にいたったコミュニティにふさわしい景観のあり方を選び取
り、創り上げていったと考えられる。この景観の変化は、それを見る
トゥッガの人々に、自身の都市が新たな段階にいたっていることを意識さ
せるには十分だっただろう。こうした試みの積み重ねが、二つのコミュニ
ティをつないでいく原動力となったのである。

おわりに

　本章ではトゥッガのマルキウス氏族によるカピトリウム神殿建設に焦点を当て考察を進めてきた。このエリート層はキウィタスとパグスの両コミュニティと関係を持っており、この二つのコミュニティをつなぐ役割を果たしたといえる。2世紀において徐々に両コミュニティが接近するなかで、2世紀中頃、新たに大きな変化が生じた。パグスは遺贈を受ける権利を獲得し、カルタゴ植民市と距離をとり始めており、独立したコミュニティの意識が生じていた。もう一方のコミュニティであるキウィタスにおいても、同時期に Aurelia というエピセットが付与され、新たなトリブスが採用されるなどの変化が起きていた。

　こうした両コミュニティが新たな段階にいたるなかで建設されたのがカピトリウム神殿である。この神殿建設は二つのコミュニティが一つのコミュニティとしてのトゥッガを意識し、それにふさわしい宗教のあり方、都市の景観のあり方を選択した結果なのである。このカピトリウム神殿は新たな都市景観と新たな宗教的アイデンティティの象徴として機能した。このような試みの集積のうえに、差異を抱え込んだ二つのコミュニティがムニキピウムとして「トゥッガ」という新たなコミュニティになっていったといえるだろう。

　この神殿建設を単にローマ化の進展として済ませることも可能である。いわゆる「ローマ文化」が浸透したのは間違いないからだ。しかし、本章で考察したトゥッガの事例のように、同じローマ化であってもそれぞれの都市が置かれた文脈によって、そのことがもつ意味は大きく異なっている。そうした差異を捨象してローマ化の一言で済ませてしまうことには問題があるだろう。

　もちろんカピトリウム神殿の象徴的意味を否定はできない。そうした象徴性があるからこそ、トゥッガにおいても新たなコミュニティの象徴として採用されたともいえるのである。しかし、その受容の仕方はそれぞれの時代、それぞれのコミュニティによって異なっているのであり、その多様

なあり方を単純化することなく解釈していくことが必要であろう。そのよ
うな多様性にこそ広大なローマ帝国を貫きながらも、同時に差異も内包し
ている「ローマ的なるもの」のあり方があらわれているのである。

注

(1) カルタゴのアフリカ内陸部の支配域に関しては、研究者によって意見が分かれてい
る上、情報が限られていることから、カルタゴとトゥッガの関係に関しても詳細
には論じることは難しい。現段階では、栗田伸子氏の述べるように「トゥッガが
アフリカにおけるカルタゴ領の境界的な地域、先住民領へのカルタゴの支配拡大
の先端に近いあたりに位置していた」とするのが妥当であろう。栗田伸子「ドゥッ
ガとヌミディア王権」『東京学芸大学紀要 第3部門 社会科学』50、1999年、118頁。

(2) 本書序論、4頁。

(3) Bénabou, 1976.

(4) 本書序論、4-6頁。

(5) Haverfield, 1906, p. 186.

(6) 例えば本章で考察するトゥッガについて扱っている箇所で、ベナブは現地のコミュ
ニティであるキウィタスにおける現地文化の残存・継続については論じているが、
カルタゴ植民市からのローマ市民権保持者によるコミュニティであるパグスにつ
いては触れる程度である。Bénabou, 1976, pp. 552-555.

(7) Millett, 1990a; id., 1990b; Woolf, 1997; id., 1998a; id., 1998b.

(8) J. B. Rives, "Venus Genetrix outside Rome", *Phoenix*, vol.48, no. 4, 1994, pp. 294-
306; id., *Religion and Authority in Roman Carthage from Augustus to Constantine*,
Oxford, 1995; id., "Imperial Cult and Native Tradition in Roman North Africa",
The Classical Jpurnal, vol. 96, no. 4, 2001, pp. 425-436.

(9) Hingley, 2003; id., 2005; Webster, 1996; id., 1997; id., 2001.

(10) C. Poinssot, *Les Ruines de Dougga*, Tunis, 1958.

(11) S. Saint-Amans, *Topographie religieuse de Thugga* (*Dougga*), Paris, 2004, pp. 17-
26.

(12) Rives, 1995, pp. 141ff. ; M. Khanoussi et L. Maurin (eds.), *Dougga, fragments
d'histoire. Choix d'inscriptions latines éditées, traduites et commentées* (Ier - IVe
siècles) (= *DFH*), Tunis, 2000.

(13) この会議の内容に関しては、M. Khanoussi et L. Maurin (eds.), *Dougga* (*Thugga*)
Études Épigraphiques, Bordeaux, 1997 にまとめられている。

(14) トゥッガの発掘の経緯については Saint-Amans, 2004, pp. 17-26 および M.
Khanoussi, M. Ritter and P. von Rummel, "The German-Tunisian project at
Dougga: First results of the excavations south of the Maison du Trifolium",
Antiquités africaines, vol.40, 2004, pp. 43-66 を参照。

第Ⅰ章　トゥッガにおけるマルキウス氏族とカピトリウム神殿建設　　43

（15）トゥッガの歴史については C. Poinssot, 1958, pp. 9-16.

（16）C. Poinssot, 1958, p. 10; Saint-Amans, 2004, pp. 59-60.

（17）Rives, 1995, pp. 104-105; Saint-Amans, 2004, pp. 59-60.

（18）カルタゴ植民市とその領域（pertica）、およびパグスと免税特権の関係につい
　　て は C. Poinssot, "Immunitas perticae Carthaginiensium", *Comptes rendus des
　　séances de l'Académie des Inscriptions et Belles-Lettres*, vol. 106, 1962, pp. 55-
　　76; G. Ch. Picard, "Le pagus dans l'Afrique romaine", *Karthago*, vol. 15, 1969, pp.
　　4-12; H. G. Pflaum, "La romanisation de l'ancien territoire de la Carthage punique
　　à la lumière des découvertes épigraphiques récentes", *Antiquités africaines*,
　　vol. 4, 1970, pp. 75-118; Gascou, *La politique municipale de l'empire romain en
　　Afrique proconsulaire de Trajan à Septime Sévère*, Rome, 1972, pp. 172-187; id.,
　　"La politique municipale de Rome en Afrique du Nord. I. De la mort d'Auguste au
　　début du IIIe siècle", *Aufstieg und Niedergang der Römischen Welt* 2.10.2, 1982a,
　　pp. 136-229; id. "Les pagi Carthaginois", in P. A. Février et P. Leveau（eds.）,
　　Villes et campagnes dans l'Empire romain, Aix-en-Provence, 1982b, pp. 139-175; A.
　　Beschaouch, "Note sur le territoire de Carthage sous le Haut-Empire", *Comptes
　　rendus des séances de l'Académie des Inscriptions et Belles-Lettres*, vol. 139, 1995,
　　pp. 861-870; id., "Territoire de Carthage et agri excepti", *Comptes rendus des
　　séances de l'Académie des Inscriptions et Belles-Lettres*, vol. 141, 1997a, pp. 363-
　　374; Saint-Amans, 2004, pp. 56-59.

（19）*RIL*, 2. この碑文に関する議論は Saint-Amans, 2004, pp. 46-49; Khanoussi et
　　Maurin, 1997, pp. 27-45; 栗田、1999 年、121-123 頁。

（20）*CIL*, VIII, 26517=*ILS*, 6797.

（21）スフェテスに関してはC. Poinssot, "Sufes maior et princeps civitatis Thuggae", in R.
　　Chevallier（ed.）, *Mélanges d'archeologie et d'histoire offerts à A. Piganiol*, Paris,
　　1966, pp. 1267-1270; E. Lipiński（ed.）, *Dictionnaire de la civilization phénicienne et
　　punique*, Turnhout, 1992, p. 429. ポルタエに関しては Khanoussi et Maurin, 1997,
　　pp. 55.

（22）Bénabou, 1976, pp. 554-555.

（23）共和政期から帝政成立期までのトリブスに関しては、砂田徹『共和政ローマとト
　　リブス制――拡大する市民団の編成』、北海道大学出版会、2006 年を参照。

（24）Gascou, 1972, pp. 182-183; F. Jaques, *Le privilêge de liberté. Politique impériale
　　et autonomie municipale dans les cités de l'Occident romain（161-244）*, Collection
　　de l'École française de Rome 76, Rome, 1986, p. 541; Rives, 1995, p. 22; Saint-
　　Amans, 2004, pp. 116-118.

（25）Gascou, 1972, p. 145; Khanoussi et Maurin, 2000, pp. 156-157; Saint-Amans, 2004, p.
　　144.

（26）patronus pagi et civitatis については C. Poinssot, "M. Licinius Rufus, patronus
　　pagi et civitatis Thuggensis", *Bulletin archéologique du Comité des travaux
　　historiques et scientifiques*, vol. 5, 1969, pp. 215-258.

（27）C. Poinssot, 1969, pp. 230-233.

（28）マルキウス氏族に関しては Pflaum, "Les juges des cinq décuries originaires
　　d'Afrique romaine", *Antiquités Africaines*, vol. 2, 1968, pp. 167-169; Jacques, 1986, p.

542 ; Saint-Amans, 2004, pp. 119-120.

(29) *CIL*, VIII, 15513; 15514; 26604; 26605; 26606; 26607 (= *IL Tun*, 1435); 26609; 26465 (= *IL Tun*, 1388); 26528; 26528a + 15261g (= *IL Tun*, 1405); *IL Tun*, 1434.

(30) *CIL*, VIII, 26605.

(31) 以下、シンプレクスについては *CIL*, VIII, 26609、クアドラトゥスについては *CIL*, VIII, 26606 = *ILS*, 9364; *CIL*, VIII, 26607; 26528、クレメンスについては *CIL*, VIII, 26604。

(32) *CIL*, VIII, 1471a; 15513; 1471b = 15514.

(33) xystus は普通、ギムナジウムの屋根付きの柱廊のことである。アフリカの碑文でこの言葉に言及しているのはこの劇場の碑文と本章で扱うコンコルディア、フルギフェル、リベル・パテル、ネプトゥヌス複合神殿のみである。ポワンソは劇場南側の半円形の部分的に舗装された平面部をこれに同定している。C. Poinssot, 1958, p. 31; Khanoussi et Maurin, 2000, p. 92 はこの見解に同意している。cf. L. Carton, *Le théâtre romain de Dougga*, Paris, 1904, pp. 149-162; Saint-Amans, 2004, p. 149.

(34) *CIL*, VIII, 26606; *ILS*, 9264.

(35) Khanoussi et Maurin, 2000, p. 92

(36) *CIL*, VIII, 26605.

(37) *CIL*, VIII, 26604; *AE*, 1893, 101.

(38) *CIL*, VIII, 1494; 26609.

(39) Khanoussi et Maurin, 2000, pp. 203-209.

(40) Saint-Amans, 2004, pp. 281-283, n. 5.

(41) *CIL*, VIII, 1471a; 15513.

(42) *CIL*, VIII, 1471b = 15514

(43) Saint-Amans, 2004, p. 284. C. ポワンソが 1955 年にケラの下に地下室を発見しており、そこでユピテル像の頭部も見つかっている。C. Poinssot, "Sondage dans le sous-sol du Capitole de Thugga (1955)", *Les Cahiers de Tunisie* 15, 1967, pp. 169-181.

(44) Rives, 1995, pp. 119-120; Saint-Amans, 2004, pp. 283. 鷲と皇帝の神格化については S. Weinstock, *Divus Julius*, Oxford, 1971, p. 358 を参照。

(45) カピトリウム神殿研究の研究史については J. C. Quinn and A. Wilson, "Capitolia", *The Journal of Roman Studies*, vol. 103, 2013, pp. 117-173 を参照。

(46) J. Toutain, *Les Cultes païens dans l'empire romain*, tome.3, Paris, 1907, pp. 181-193.

(47) M. Todd, "Forum and Capitolium in the early Empire", in F. O. Grew and B. Hobley (eds.), *Roman Urban Topography in Britain and the Western Empire*, 1985, pp. 56-66; É. Blutstein-Latrémolière, "Les places capitolines d'Espagne", *Mélanges de la Casa de Velázquez*, vol. 27, 1991, pp. 43-64 など。

(48) D. J. Gargola, *Land, Laws and Gods. Magistrates and Ceremony in the Regulation of Public Lands in Republican Rome*, Chapel Hill and London, 1995, p. 83.

(49) Gascou, 1972, p. 127, n. 2.

(50) ガスクは別の箇所でトゥッガのカピトリウム神殿に触れており、そこではムニキピウムにいたる予兆としてこの神殿建設を捉えている。Gascou, 1972, p. 159.

（51） I. M. Barton, "Capitoline temples in Italy and the provinces, especially Africa", *Aufstieg und Niedergang der Römischen Welt* 2.12.1, 1982, pp. 259-342.

（52） Quinn and Wilson, 2013.

（53） Quinn and Wilson, 2013, pp. 142-150.

（54） Quinn and Wilson, 2013, pp. 150-168.

（55） Rives, 1995, pp. 120-124.

（56） 本章 24-25 頁。

（57） *CIL*, VIII, 26528b; *AE*, 1912, 47.

（58） C. Poinssot, 1962, p. 73; Gascou, 1972, pp. 158-161; Khanoussi et Maurin, 2000, pp. 88-90; Saint-Amans, 2004, p. 141.

（59）Gascou, 1972, p. 145; Khanoussi et Maurin, 2000, pp. 156-157; Saint-Amans, 2004, p. 144.

（60） *AE*, 1966, 512. パピリア選挙区の 13 名については Khanoussi et Maurin, 2000, p. 156 を参照。

（61） 例 え ば *CIL*, VIII, 26598 = *ILAfr*, 535 = *IL Tun*, 1429 な ど。Gascou, 1972, pp. 160-161; Beschaouch "Thugga, une cité de droit latin sous Marc Aurèle: Civitas Aurelia Thugga", in Khanoussi et Maurin（eds）, 1997b, pp. 61-73; Khanoussi et Maurin, 2000, p. 31; Saint-Amans, 2004, p. 145. cf. L. Poinssot, "Civitas Aurelia Thugga", *Mélanges Cagnat*, Paris, 1912, pp. 496-503.

（62） Gascou, 1972, p. 160; Khanoussi et Maurin, 2000, pp. 88-90; Saint-Amans, 2004, p. 145.

（63） サン・アマンらはこの時期にキウィタスがラテン権を獲得したとみなしている。Beschaouch, 1997b, pp. 61-73; Saint-Amans, 2004, p. 145.

（64） Barton, 1982, p. 316.

（65） Khanoussi et Maurin, 2000, pp. 88-90; Quinn and Wilson, 2013, p. 156.

（66） Rives, 1995, p. 121.

第 II 章

トゥッガにおけるガビニウス氏族と
神殿建設

はじめに

　本章では前章に引き続き、ローマ帝国支配期北アフリカにおける文化形成においてローカル・エリートが果たした役割について考察を行っていく。本章ではマルキウス氏族同様にトゥッガが一つのコミュニティになる直前の時期である2世紀に台頭し、3世紀まで活躍したガビニウス氏族に焦点を当て分析を行う。ガビニウス氏族もマルキウス氏族と同様に、パグスとキウィタスの保護者を複数のメンバーが担っている。こうした2世紀に活躍し、両コミュニティをつなぐ役割を果たした氏族を考察することで当時のトゥッガの特徴が浮き彫りになるだろう。

　さらに本章後半ではガビニウス氏族が主導した神殿建設の一つであるコンコルディア、フルギフェル、リベル・パテル、ネプトゥヌス神殿を分析する。前章のカピトリウム神殿は都市ローマを代表する神殿であったが、コンコルディア、フルギフェル、リベル・パテル、ネプトゥヌス神殿は現地で古くから信仰されていた神々が、ローマの神とともに祀られている。こうした両者の違いから、この時期のトゥッガのエリートが同じように新たなコミュニティへといたるためにふさわしい宗教を選び取りながらも、表出のされ方に違いが存在したことが示唆されることになるだろう。

1　ガビニウス氏族

(1)　ガビニウス氏族の成員とその事績

　ガビニウス氏族はクラウディウス治世期にはすでにトゥッガにおいて傑出した家系であり、2世紀から3世紀前半にかけてその勢力を保っていたと考えられている[1]。ガビニウス氏族はそのメンバーがクィリナ選挙区に属していることから、もともとキウィタスに属し、クラウディウス治世に市民権を与えられたと考えられている[2]。つまりもともとは現地のエリートであり、ローマ市民権を得たことでパグスに参入したとみなすことができるのである。さらに2世紀において登場する大ダトゥス、バッスス、小ダトゥスの3人が先述したパグスとキウィタスの保護者であったことが重要になってくる。

　ここからは以上のことを念頭に置いた上でガビニウス氏族のメンバーについて考察していく。巻末付録の表2はガビニウス氏族と関連する人物とその事績等を並べたものである。クラウディウスからセウェルス・アレクサンデル治世の間で少なくとも25名前後のメンバーが碑文上確認されている[3]。このなかには年代が判明していないもの、詳細な情報がわからないものもあるため、ここでは年代がある程度確定でき、まとまった情報が確認できるものを中心に分析していく。

　先にクラウディウス治世期にはこの氏族がすでに傑出した家系であったと述べた。それを示すガビニウス氏族ゆかりの人物としてガビニア・フェリクラがあげられる。前章でキウィタスの政治体制を考察した際に引用した碑文が、彼女の名が刻まれた48年から49年に年代づけられる碑文である[4]。彼女は夫ユリウス・ウェヌストゥスとともに神君アウグストゥスと皇帝クラウディウスに対し祭壇を奉献したとされている[5]。

　夫のユリウス・ウェヌストゥスはキウィタスのエリート家系に属していた[6]。彼の父親はファウストゥス・ティノバであり、ティノバはリビア語碑文でTINBと表記されるリビア語の名を持っている人物である[7]。

また、ティノバの息子たちの代においてもこの家系がキウィタスの指導的地位にあったことが碑文の内容からわかる。息子の一人であるサトゥルスは、キウィタスの要職であるスフェテスに2度選ばれており、他の二人の息子ウェヌストゥスとフィルムスはスフェテスの装飾を認められている。さらにウェヌストゥスとインスティトルは神君アウグストゥスの祭司にもなっている。この兄弟が市民権を獲得していたかどうかは定かではないが、少なくとも現地の傑出したエリート層であることは確認できるだろう。

ウェヌストゥスの家系とガビニウス氏族の関係については残された史料上、これ以上知ることは困難であるが、少なくともガビニア・フェリクラの時代においてガビニウス氏族はキウィタスのエリート家系と婚姻関係を持つ程度にはキウィタスとつながりをもっていたことは確認できるだろう。

ガビニア・フェリクラの次に確認できる人物として、アウルス・ガビニウス・ダトゥス（以後、大ダトゥス）、そして彼の息子たちがあげられる。彼らはこの氏族の発展という観点から重要な人物になってくる[8]。先述したように、大ダトゥスがクィリナ選挙区に属していることから、ガビニウス家がもともとキウィタスのメンバーであったとみなすことができる。また彼はパグスとキウィタスの保護者、つまり両コミュニティの保護者であったことが碑文からわかっている。その他、アウグストゥスの終身祭司とトゥッガ地方地所請負人（conductor praediorum regionis Thuggensis）なる土地の管理に関わる役職を担っていたことが碑文から確認できる[9]。キウィタスに由来する家系であるにもかかわらず、彼の代にはすでにトゥッガにおいて重要な位置を占めていたことが、彼の肩書きから読み取ることができるだろう[10]。

また彼には二人の息子がおり、そのうちの一人のバッススは父と同様にクィリナ選挙区に属し、パグスとキウィタスの保護者を担い、アウグストゥスの終身祭司であったことがわかっている[11]。しかし、もう一人の息子であるダトゥス（以後、小ダトゥス）は、父や兄とは異なる経歴を歩んでいる。彼はパグスの植民者と同じアルネンシス選挙区に属しており、

カルタゴにおいてキャリアを積んでいたことがわかっている(12)。碑文からわかるカルタゴでの彼のキャリアは造営官、神君ティトゥスの祭司、卜占官があげられる。さらに五審判人団に任命されており、ハドリアヌスによって騎士身分の証である公有馬を保持する名誉を与えられている。このように彼はカルタゴでかなりの成功を収めていたが、他方でトゥッガにおいて父と兄弟同様、パグスとキウィタスの保護者になっている。次節で扱うコンコルディア、フルギフェル、リベル・パテル、ネプトゥヌス神殿建設を主導したのが、ここであげた大ダトゥス、バッスス、小ダトゥスの三人である。

　さらにこの二人の息子たちそれぞれに関して、重要な碑文が残っている。次に引用したものがバッススと小ダトゥスのそれぞれに対する117年から138年頃に年代づけられる顕彰碑文の内容である。

　　マルクス・ガビニウス・バッスス、クィリナ選挙区、神君アウグストゥスの終身祭司、トゥッガのパグスとキウィタスの保護者に。トゥッガのパグスとキウィタス（が建立した）(13)。

　　息子の［アウルス］・ガビニウス・ダトゥス、神君ティトゥスの祭司、卜占官、パグスとキウィタスの保護者に。トゥッガのパグスとキウィタス（が建立した）(14)。

　二つの碑文とも、それぞれの兄弟を両コミュニティが讃えたものである。ここで注目すべきなのは、パグスとキウィタスの両方によって兄弟が讃えられているという点である。2世紀前半においてすでに両コミュニティ共同での顕彰が行われていたことが、この碑文からわかる。前章のパグスとキウィタスの保護者の考察において明らかにしたように、2世紀において両コミュニティが接近していたことをこの二つの碑文は示唆しているのである。

　トゥッガがムニキピウムになる前に、もう一つ公共建設を行った事例が

ある。アントニヌス・ピウス治世にフォルム周囲にポルティコを建設した
ファウスティニアヌスの事例である[(15)]。これによってフォルムの東側を
除く3面がポルティコに囲まれることになり、円柱や天井装飾などが据え
付けられた[(16)]。

　ファウスティニアヌス以外で2世紀後半、ムニキピウムになる直前の時
期に確認されている人物はルキウス・ガビニウス・クレメンス、マルクス・
ガビニウス・クレメンス・クロディアヌス、ガビニウス・オクタウィウス・
フェストゥス・スフェティアヌスの3名である。この内、ルキウス・ガビ
ニウス・クレメンスに関しては、名前とクラトルであったことしか判明し
ていないため[(17)]、残り2名について分析する。

　以下に引用した碑文がクレメンス・クロディアヌスについて書かれたも
のである。

　　　［ガビ］ニウスに。［---］［マルクス・ガビニウス・クレ］メンス・ク
　　　ロディアヌス、保護者であり、公的問題の弁護者（defensoris causae
　　　publicae）。二つの都市参事会（decuriones utriusque ordinis）[(18)]。

　これは160年から205年頃に年代づけられている碑文である。欠損があ
るため、不明な点が多いが、ここで注目すべきは「二つの都市参事会」と
いう言葉である。トゥッガが一つのコミュニティになる直前の時期に、
「パグスとキウィタスの都市参事会」と記すのではなく、両コミュニティを
まとめる形で表されているのである。

　この碑文以外に両コミュニティを示すためにuterque ordoという表現が
記されている事例は180年から192年に年代づけられるメルクリウス神殿
建設に関する碑文[(19)]と205年頃のアシキア・ウィクトリアなる人物に関
する碑文[(20)]の2例あり、トゥッガがムニキピウムになる直前の2世紀後
半に用いられるようになった表現であると推測できる[(21)]。以上のことか
ら、2世紀後半にはトゥッガの人々が自らのコミュニティを完全に分離し
た二つのコミュニティとしてではなく一つのまとまりとして認識し始めて

いたことを示唆しているのではないだろうか。

　次にガビニウス・オクタウィウス・フェストゥス・スフェティアヌスを見ていく。彼は小ダトゥス同様、アルネンシス選挙区に属しカルタゴにおいてキャリアを積んでおり、アウグストゥスの祭司、アイスクラピウスの神官、五審判人団になっている。また、トゥッガにおいてはパグスの保護者、5年任期二人委員、終身祭司を担っていた[22]。

　彼に関して記された二つの碑文はともに180年から192年に年代づけられており、両方の碑文がフェストゥス・スフェティアヌスを顕彰しているものである。ただし、片方はパグス（pagus Thuggensis）によって、もう片方はキウィタス（civitas Aurelia Thugga）によって作られたものである[23]。この二つの碑文について*DFH*は同年代の相補的なものであり、パグスとキウィタスの協力の産物と推測している[24]。この推測が正しいならば、両コミュニティの接近を示す証左となる。しかし、たとえこの推測を退けるにしても、カルタゴでキャリアを積んでおり、さらにはパグスの保護者となっていたフェストゥス・スフェティアヌスが、父祖から続くキウィタスとの関係を保ち続けていたことを示しているだろう。

　本章の中心的対象となる2世紀からは外れるが、ムニキピウムに昇格後の事例としてカラカラ治世期にはガビニア・ヘルミオナがカラカラの「勝利」の神殿を奉献し、さらにキルクスのための土地を提供している[25]。

　そしてセウェルス・アレクサンデル治世の222年から235年にカエレスティス神殿を建設したクィントゥス・ガビニウス・ルフス・フェリクス・ベアティアヌスの事例が確認できる[26]。この神殿については第Ⅴ章で考察するので、ここでは詳細は省略し、本章の論旨に関係する事項のみ確認する。

　まず、神殿に祀られたカエレスティスは、かつてのポエニ時代のカルタゴとその周辺地域において信仰されていたタニトという女神が、ローマ支配期に入り名を変えたものだと一般的にいわれている[27]。つまり、この女神カエレスティスは古くから現地の人々が信仰してきた馴染み深い女神であったとみなすことができる。二つのコミュニティの境界が少なくとも

行政区分上は解消し、新たなコミュニティとして再出発しても、古くから
の現地の神は消え去ることなく、依然としてトゥッガの人々にとって重要
な信仰であり続けたといえるのである。

　以上が碑文から判明するガビニウス氏族の詳細である。碑文から確認で
きる範囲の事績を見るだけでも、ガビニウス家が2世紀から3世紀前半と
いうトゥッガのコミュニティのあり方が変化した時代に両コミュニティと
関わりながら活躍したエリートであったことがわかるだろう。

(2)　ガビニウス氏族の位置づけ

　先述したようにこのガビニウス氏族に関して重要なのは、もともと市民
権を持たず、キウィタスに属していた家系であったということである。つ
まり、従来の片方のコミュニティのみと関係を持つエリートではなく、現
地のコミュニティから台頭しローマ市民権を得ることでパグスのメンバー
になったというこの氏族の発展の経緯から、両コミュニティと結びつきを
もったエリート層であったといえるのである。

　さらに、パグスとキウィタスの保護者という両コミュニティをつなぐ役
割をもともとキウィタスに属していたガビニウス氏族の3名が担っていた
ことが重要となってくる。ガビニウス氏族はキウィタスとパグスの両方と
関係を持っていたエリートであり、両コミュニティの利害関係に目配りの
きく立場であったといえる。前章において2世紀を、両コミュニティをつ
ないでいくような実践がなされた時代と位置づけたが、こうした実践を主
導したのがこのような両コミュニティと関係を持ち、パグスとキウィタス
の保護者を担ったエリート層であったと考えることができるだろう。

　また、前章で扱ったマルキウス氏族も、ガビニウス氏族と同様にもとも
とキウィタスに属していたエリート層であり、クィントゥス・マルキウス・
マクシムスは、大ダトゥス同様、アルネンシス選挙区ではなく、クィリナ
選挙区に属していたことがわかっている[28]。さらに、彼の3名の息子は全
てアルネンシス選挙区に属し、カルタゴにおいてキャリアを積んでいるこ

とも、小ダトゥスの事例と類似している[29]。ガビニウス氏族とマルキウス氏族の両事例をあわせて考えると、こうした発展のあり方が2世紀のトゥッガのエリート層においては典型的なものであったことを示唆している。

　また、両氏族が関わる形で都市の景観を変化させたものとして、フォルム周辺の事例があげられる。先述したように、ガビニウス氏族のファウスティニアヌスがアントニヌス・ピウス治世にフォルム周囲にポルティコを建設した[30]。このポルティコは3面を囲っており、東側は空いていた。この空いていた東側にこのポルティコ建設後に建てられたのが、前章で扱ったマルキウス氏族によるカピトリウム神殿である[31]。

　*DFH*において、おそらくカピトリウム神殿建設はポルティコ建設の際には計画されていただろうと述べられており、両者の建設の連動性が示唆されている[32]。さらに、両氏族に婚姻関係があり、結びついていたことを指摘する研究もあるが、これについては根拠が薄い[33]。

　いずれにしても両氏族が同時代にフォルムの景観を大幅に変化させたことは事実である。巻末付録の図1（1）から（3）では、1世紀末、コンコルディア、フルギフェル、リベル・パテル、ネプトゥヌス神殿建設時、カピトリウム神殿建設時の三段階の景観変化を平面図によって示した。これらの図からわかる通り、2世紀に入るとフォルムを中心に建築物が増加し、特にカピトリウム神殿建設時には大幅に景観が変化した様子がうかがえる。2世紀において、両コミュニティと結びついた二つの氏族が、新たなコミュニティとしてふさわしい景観を創り上げたといえるのである。

　以上で考察してきたように、ガビニウス氏族のような両コミュニティと関係を持つエリートが、二つのコミュニティをつなぐ役割を果たしたと考えることができる。次節ではこうした解釈を補完すると同時に、このようなエリート層が時代状況に合わせてどのような文化を形成したのかを見ていくために、ガビニウス氏族が行った神殿建設を分析し、それがいかなる意味を持っていたのかを考察していく。

　こうしたエリート層は、新たな段階へいたりつつあるコミュニティにふ

さわしい景観を創り上げるためにカピトリウム神殿やフォルムの整備を行っているが、彼らが建設したのはこのような「ローマ的」公共建築物だけではない。彼らが自らのコミュニティにふさわしいものとして企図したもののなかには、「ローマ的」なものとは異なるものも入り込んでいるのである。次章で扱う神殿建設の事例では、彼らが、自らのコミュニティにふさわしい景観を模索する際、必ずしもいわゆる「ローマ的」なものしか選択肢になかったわけではないことが示されるであろう。

2 コンコルディア、フルギフェル、リベル・パテル、 ネプトゥヌス神殿

　この節では2世紀におけるガビニウス氏族の主な建設事業としてコンコルディア、フルギフェル、リベル・パテル、ネプトゥヌス神殿を考察していく。この神殿はハドリアヌス治世、117年から138年頃に大ダトゥスとバッスス、小ダトゥスの3名の主導で建設が進められた。この神殿について触れた碑文は5種類あり、それぞれ内容が異なっている。以下がその5種類の碑文である。

　　皇帝カエサル・トラヤヌス・ハドリアヌス・アウグストゥスの壮健のために、アウルス・ガ［ビニウス］・ダトゥス、クィリナ選挙区、パグスとキウィタスの保護者と、マルクス・ガビニウス・バッスス、クィリナ選挙区、ア［ウグストゥスの終身］祭司、パグスとキウィタスの保護者が、彼らの出資によって、彼らの土地に、コンコルディア、フルギフェル、リベル・パテル神殿を［その他の］神殿や回廊（xystis）とともに基礎から建設した。彼らはこの建築物に50,000セステルティウスを充てることを誓約しており、さらに出資を行い奉献した。監督官［---］フォルトゥナトゥス、ルキウス・インスタニウス・フォルトゥナトゥス、マルクス・ウィビウス・ゲメッルス、マルクス［---］[(34)]。

アウルス・ガビニウス・［ダトゥス、クィリナ選挙区］、トゥッガの［パ グスとキウィタスの保護者］と、マルクス・ガビニウス・［バッスス、 クィリナ選挙区、アウグストゥスの終身祭司］、パグスとキウィタスの ［保護者］が［彼らの出資によって］、彼らの土地に、コンコ［ルディア、 フルギフェル、リベル・パテル］神殿をその他の神殿や回廊（xystis） とともに基礎から建設した。彼らはこの建築物に50,000セステルティウ スを充てることを誓約しており、［さらに出資を行い］奉献した⁽³⁵⁾。

アウルス・ガビニウス・［ダトゥス］、クィリナ選挙区、トゥッガのパ グスとキウィタスの［保護者］と、マルクス・ガビニウス・バッスス、 クィリナ選挙区、アウグストゥスの終身祭司、パグスとキウィタスの保 護者が彼らの出資によって、彼らの土地に、コンコルディア、フルギ フェル、リベル・パテル神殿をその他の神殿や［回廊］とともに基礎か ら建設した。彼らはこの建築物に50,000セステルティウスを充てること を誓約しており、さらに出資を行った⁽³⁶⁾。

アウルス・ガビ［ニウス］・ダトゥス、クィリナ選挙区、トゥッガのパ グスとキウィタスの保護者と、マルクス・ガビ［ニウス］・バッスス、 クィリナ選挙区、アウグストゥスの終身祭司、パグスとキウィタスの保 護者が、彼らと息子アウルス・ガビニウス・ダトゥス、皇帝カエサル・ トラヤヌス・ハドリアヌスにより五審判人団に任命され、パグスとキ ウィタスの保護者である者の名において、彼らの出資によって、彼らの 土地に基礎から神殿を建設し、奉献した⁽³⁷⁾。

皇帝カエサル［---］の［壮健のために］、［マルクス・ガビニウス］・ バッスス、クィリナ選挙区、アウグストゥスの終身祭司、［トゥッガの パグスとキウィタスの］保護者と、［アウルス・ガビニウス・ダトゥス、 アルネンシス選挙区、パグスとキウィタスの保護者、］神君ティトゥスの 祭司、造営官、コロニア・コンコルディア・ユリア・カルタゴの卜占官、

公有馬を許可され、［皇帝カエサル・トラヤヌス・ハドリアヌスにより五審判人団に任命されし者］がコンコルディア、フルギフェル、リベル・パテル、ネプトゥヌスの神殿を［彼らの出資によって建設した］。[---]大理石の外装、像、装飾とともに。［監督官］クィントゥス・ユリウス・ファウストゥス［---］⁽³⁸⁾。

　五つの碑文のうち四つが大ダトゥスとバッススを奉献の主導者としているが⁽³⁹⁾、残りの一つはバッススと小ダトゥスを奉献者としている⁽⁴⁰⁾。この五つの碑文を整合的に理解するならば、神殿建設を開始したのは大ダトゥスとバッススであり、その後、大ダトゥスが完成前に死亡するなど何らかの理由で離脱することとなり、小ダトゥスがその仕事を引き継いだと考えるのが妥当だろう⁽⁴¹⁾。ネプトゥヌスについても最後に引用した碑文だけに記されているが、この碑文が最も新しいものと推定されていることから、後から何らかの理由で加えられたものと考えられる⁽⁴²⁾。

　この神殿群はフォルムからわずかに離れた南東に位置し、西側の小さな建造物と中央部のメインの神殿と考えられる建造物、そして東側の劇場を持つ建造物の三つの部分から成っている。しかし、どの建造物にいずれの神が対応するのかに関しては判明していない⁽⁴³⁾。

　次にこの神殿群で祀られていた神々について分析していく。ネプトゥヌスはローマにおいて長い歴史を持つ神であり、アウグストゥス治世までにはギリシアの神であるポセイドンと同一視されるようになったとされている。つまり、この時代においてのローマのネプトゥヌスは海の神という属性が強かったのである⁽⁴⁴⁾。

　一方で、アフリカのネプトゥヌスに対する奉献の大半は、海の近くではなく内陸部においてなされており、さらに泉の近くから発見されている⁽⁴⁵⁾。ベナブやリーブスなどの研究者たちが主張するように、以上のことを考慮するならばネプトゥヌスという名がローマ以前からの地域の神に用いられていたと推測することが可能だろう⁽⁴⁶⁾。

　実際、トゥッガ自体も海岸から100kmほど離れており、あえて海の神

を祀るとは想定できない。また、トゥッガには二つの泉があり、そうした信仰がローマ期以前からあったとしても不思議ではない[47]。もともとカルタゴ由来の神バアルの聖域であったサトゥルヌス神殿近くからネプトゥヌスの名が確認できる碑文が出土していることからも、キウィタスにおいてネプトゥヌスが信仰されていたことが推察できる[48]。この神殿群において祀られたとされるネプトゥヌスもトゥッガの泉と結びつけられた現地の信仰であった可能性は十分にある。その起源がローマか現地のいずれであるにしても、いつ頃からかは明らかにはできないが、古くから現地の人々に信仰されていた可能性は高い。

　リベル・パテルは北アフリカにおいて人気のあった信仰であり、多くの碑文やモザイクに現れる[49]。リベル・パテルはヘラクレスとともにレプキス・マグナにおいて守護神とされており、1世紀に年代づけられるラテン語・新カルタゴ語2言語表記碑文からリベル・パテルがカルタゴの神サドラパと同一視されていたことがわかっている[50]。他のカルタゴの神と同様にサドラパもカルタゴの影響範囲に広まっていたと考えられることから、リベル・パテルは現地の人々にとって馴染み深いものであったと考えられる[51]。

　フルギフェルは、「穀物の収穫」を意味するエピセットであり適切な神名を持っていない[52]。アフリカ以外でこのエピセットが使われることはほとんどなく、使われている場合でもユピテルやケレスなどと結びつけられて使われるのが普通である[53]。しかし、アフリカにおいては20件以上の碑文で単独で現れてくる[54]。こうした地域差や使用法の違いを考慮するならば、フルギフェルは穀物の豊穣と関連した現地の神を指し示していたものと考えて差し支えないだろう[55]。

　最後に、コンコルディアはこの神殿群が建設された時代には、すでに二つの神殿が存在していたことから、トゥッガにおいて重要な位置を占めていたと考えられる[56]。また、カルタゴにおいてコンコルディアは守護神であり、都市名 Colonia Concordia Iulia Karthago にもその名が見られる。パグスはカルタゴ植民市とつながりの深いコミュニティであることか

ら、コンコルディアがそもそもパグスにおいて重要な神であったのはもちろんのこと、カルタゴという都市の地域的な重要性を考慮するならば、カルタゴ周辺地域においても重要な神であったと考えられる。カルタゴと同じようにコンコルディアを都市名の一部に採用している都市があることからも、そうした重要性を窺い知ることができるだろう[57]。こうしたカルタゴ周辺地域での重要性を考えるならば、コンコルディアがパグスだけでなくキウィタスを含めたトゥッガ全体にとって重要な信仰であったとみなすことができる。

　まとめると、フルギフェル、リベル・パテル、ネプトゥヌスはこの時代のキウィタスにおいて古くから重要な神であった可能性が十分あり、中にはローマ期以前にさかのぼるものもあったと考えられる。いずれにしてもキウィタスの人々にとって馴染み深い信仰であったといえるだろう。コンコルディアに関しては、パグスはもちろんのこと、カルタゴ植民市の影響力を背景にカルタゴ周辺地域において重要な神であったと考えられる。

　では、この時代のトゥッガにおいてこうした神々を祀る神殿が建設されたことにはどのような意味があるのだろうか。ベナブは北アフリカのリベル・パテルやネプトゥヌス信仰にアフリカ的要素の残存を見出し、結論としてそのような残存を神々の「アフリカ化」とまで述べている[58]。

　また、リーブスはこの神殿群をローマとアフリカの信仰を結びつけたものであり、パグスとキウィタスの両者に役立つものとして解釈している[59]。さらにトゥッガの宗教関連の碑文を網羅的に分析したサン・アマンも、リーブスと同様に、この神殿群を2世紀における二つのコミュニティの神々とエリートの融合のプロセスを示す事例と考えている[60]。

　先述したように、ベナブの解釈は現地の人々を、現地文化を残存させるだけのパッシブな存在として位置づけてしまっており、ローマ文化流入以降の文化の意味、都市民の役割を捉えきれていない。リーブスやサン・アマンに関しては、概ね同意できるものの、パグスの宗教＝ローマの宗教、キウィタスの宗教＝現地の宗教という起源に重きを置いた図式から理解している点が問題である。アウグストゥス時代の北アフリカへの植民から1

世紀ほどが過ぎた紀元後2世紀において、パグスのローマ市民権保持者も現地の宗教に慣れ親しんでいた可能性や、逆にキウィタスの現地の人々がローマの宗教を馴染み深いものと考えていた可能性もある[61]。明確な証拠がないため、あくまで一つの想定できる可能性にすぎないが、リーブスらの単純化した図式ではこうした解釈の可能性を最初から排除しかねないのである。

また、神殿建設を主導したようなエリート層を除いて、それを受容するトゥッガの大半の人々、特に市民権を持たないキウィタスの人々が信仰する対象の詳細な起源にこだわっていたとは考えにくい。新しく流入してきた神か、昔から信仰されてきた馴染みのある「我々の神」という認識のどちらかであったと考えるほうが妥当であろう。

以上の点を考慮するならば、ローマの神であるのか現地の神であるのかにこだわるのではなく、この時代のトゥッガ全体やキウィタス、パグスのそれぞれのコミュニティ内においてその神がどう位置づけられていたのか、馴染みのある神であったかどうかからこの神殿を意義づけることが必要である。つまり起源によって意味づけるのではなく、その時代のコミュニティ内での意味から考察する必要がある。

本章第1節において、二重のコミュニティを横断するエリートとしてガビニウス氏族を位置づけた。このような位置づけと二重のコミュニティを有していたという2世紀におけるトゥッガの状況を考慮するのであれば、この神殿建設の意義について次のように解釈できる。先に論じたようにフルギフェル、リベル・パテル、ネプトゥヌスのいずれも当時キウィタスにおいて重要な信仰であった可能性が高い神々であり、コンコルディアはカルタゴ植民市とのつながりの深いパグスのローマ市民権保持者にとっては自身のアイデンティティに関わる重要な神であったといえる。

そうした重要性に加え、コンコルディアが調和・協調の神であることも二重のコミュニティを抱えるトゥッガにおいては意味を持ってくる[62]。つまりコンコルディアを祀ることでパグスとキウィタスの調和・協調を示そうとしたと考えられるのである。第Ⅱ章において、2世紀を両コミュニ

ティの境界を越えるようなエリートが活躍し、両者をつないでいく試みがなされた時代として位置づけたが、この神殿建設においてもそうした状況が見て取れるのである。

先述したように同時代に他にもコンコルディアを祀る神殿が建設されているが、この神殿を奉献したマエディウス・セウェルスも両コミュニティの保護者を担っていた[63]。つまり、ガビニウス氏族の事例と同じように両コミュニティをつなぐ役割を果たした保護者が、トゥッガの調和・協調を示すためにコンコルディアを祀ったと考えることができるのである。

他にもフォルム近くで発見された碑文には以下のように記されている。

　　トゥッガのパグスとキウィタスが、公の費用でコンコルディア・アウグスタに捧げた[64]。

これは2世紀半ば頃に年代づけられるコンコルディアに対する奉献碑文である。ここで重要なことは、パグスとキウィタスの両コミュニティによって調和・協調を示すコンコルディアに対して奉献がなされていることである。こうしたことから調和・協調を示すコンコルディアがこの時期のトゥッガ全体において重要な意味をもっていたと考えて間違いないだろう。

こうした両コミュニティの調和・協調を示すコンコルディアに加えて、キウィタスにおいて古くから重要な信仰であったと考えられるフルギフェル、リベル・パテル、ネプトゥヌスをともに祀ることで、ガビニウス氏族のメンバーはパグスとキウィタスの両コミュティに目配りのきいた神殿群を創り上げた。つまり、この神殿は現地の人々にとって複数の「我々の神」とコンコルディアという調和・協調を示す新たな神を同時に祀った神殿であったと考えられるのである。

ガビニウス氏族のような両コミュニティと関係をもつエリート層がパグスとキウィタスの保護者という役割を担いながら、両コミュニティを横断する形での信仰を創り上げていった。この神殿建設は新たなエリート層による、二重のコミュニティを有するトゥッガにおける「共通言語的」文化

を創出する試みであったのである。

おわりに

　本章ではトゥッガのガビニウス氏族による神殿建設に焦点を当て考察を進めてきた。このエリート層はキウィタスとパグスの両コミュニティと関係を持っており、二つのコミュニティをつなぐ役割を果たしたといえる。本章第２節で扱った神殿建設はそのような両コミュニティの橋渡し的なエリートが、コミュニティのあり方が変化していく過程で、時代状況に合わせて創り上げた神殿であるとみなすことがでる。

　コンコルディア、フルギフェル、リベル・パテル、ネプトゥヌス神殿はまだ単一のコミュニティではなく二重のコミュニティである時期に、両者をつなぐシンボルとして創り上げた神殿の一事例であった。このような試みが２世紀に数多くなされた結果、差異を抱え込んだ二つのコミュニティがトゥッガという新たなコミュニティになっていったと考えられるのである。

　また、前章で考察したマルキウス氏族のカピトリウム神殿は都市ローマを代表するものであった。それに対して、ガビニウス氏族によるコンコルディア、フルギフェル、リベル・パテル、ネプトゥヌス神殿は表面的には「ローマ風」の神殿ではあるものの、祀られている神々は現地の人々に古くから信仰されていた可能性の高い神々も含まれていた。つまり、同じように両コミュニティの橋渡し的なエリートが新たな宗教的アイデンティティを模索した結果ではあるものの、その表出のされ方は「ローマ」や「現地」といったカテゴリに収まりきるものではなかったといえるだろう。政治制度上は一つのコミュニティにいたることになるが、新たな宗教的アイデンティティは重層的なあり方を含みこむ形で形成されたのである。

　もちろんこの神殿建設についても、単にローマ文化が浸透したと解釈することもできる。表面的には「ローマ風」の神殿が建設されたように見え

第Ⅱ章　トゥッガにおけるガビニウス氏族と神殿建設　63

るのは確かだからである。しかしながら、広大なローマ帝国において、人々の認識する「ローマ的なるもの」が完全に同一であったとは考えられない。同じ「ローマ的なるもの」でも、それぞれの属州や都市ごとで微妙な差異があったことだろう。そのような「ローマ的なるもの」の微妙な差異は、その時代のその地域の置かれた環境によって形作られている。そうしたそれぞれの環境やそれによって作られる微妙な差異の意味を見出していくことが、ローマ化という基準が曖昧になった現状において必要なことだろう。

注

(1) ガビニウス家の概要については L. Poinssot et R. Lantier, "Fouilles de la Direction des antiquités de la Tunisie en 1913", *Bulletin archéologique du Comité des travaux historiques et scientifiques*, 1925, pp. 251-270 を参照。

(2) Rives, 1995, p. 124; V. Brouquier-Reddé et S. Saint-Amans, "Épigraphie et architecture religieuse de Dougga: l'exemple des templa Concordiae, Frugiferi, Liberi Patris, Neptuni", *Dougga（Thugga）Études Épigraphiques*, M. Khanoussi et L. Maurin（eds.）, Bordeaux, 1997, p. 179.

(3) Brouquier-Reddé et Saint-Amans, 1997, p. 179.

(4) 本書第Ⅰ章、25頁。

(5) *CIL*, VIII, 26517=*ILS*, 6797.

(6) ウェヌストゥスの家系については J.-M. Lassère, "Recherches sur la chronologie des épitaphes païennes de l'Africa", *Antiquités africaines*, vol. 7, 1973, pp. 58-61. を参照。

(7) *RIL*, 184f.

(8) 以下、大ダトゥスについての碑文は *CIL*, VIII, 26467; 26468; 26469; *AE*, 1997, 1663a; 1663b; *ILAfr*, 568.

(9) *ILAfr*, 568.

(10) 大ダトゥスの詳細については L. Poinssot, "Datus, conductor praediorum regionis thuggensis", *Comptes-rendus des séances de l'Académie des Inscriptions et Belles-Lettres*, vol. 64, no. 4, 1920, pp. 357-359 を参照。

(11) バッススについては *CIL*, VIII, 26467; 26468; 26469; 26470; *AE*, 1924, 28; 1997, 1663a; 1663b; *ILTun*, 1512。

(12) 小ダトゥスについては *CIL*, VIII, 26470; *AE*, 1921, 25; 1997, 1663a; *ILAfr*, 569; *ILTun*, 1513.

(13) *AE*, 1924, 28; *IL Tun*, 1512.

(14) *AE*, 1921, 25; *ILAfr*, 569.

(15) *CIL*, VIII, 26524=*ILAfr*, 521.

(16) Khanoussi et Maurin, 2000, pp. 73-76.

(17) *CIL*, VIII, 26579.

(18) *CIL*, VIII, 26597.

(19) *CIL*, VIII, 26482, 1-7 (7 = *CIL*, VIII, 1503 = *CIL*, VIII, 15532) + *ILAfr*, 516.

(20) *CIL*, VIII, 26591; *IL Tun*, 1427; *DFH*, no. 73.

(21) トゥッガの碑文においては、uterque ordo が元老院議員と騎士の両身分のことを意味するのではなく、両コミュニティを指し示している。L. A. Thompson, "Uterque ordo in inscriptions of municipium Thuggense", *Latomus*, 24, 1965, pp. 150-154.

(22) *CIL*, VIII, 26598 = *ILAfr*, 535 = *IL Tun*, 1429; *CIL*, VIII, 26624 = *IL Tun*, 1438.

(23) パグスによる碑文は *CIL*, VIII, 26598 = *ILAfr*, 535 = *IL Tun*, 1429、キウィタスによる碑文は *CIL*, VIII, 26624 = *IL Tun*, 1438。

(24) Khanoussi et Maurin, 2000, pp. 152-153.

(25) *CIL*, VIII, 26546, a-h (b = *CIL*, VIII, 1483; cf. *CIL*, VIII, 15505) + *CIL*, VIII, 26639 + *CIL*, VIII, 26650 + *ILAfr*, 527.

(26) *CIL*, VIII, 26458; 26459; 26460; 26461; 26462.

(27) G. H. Halsberghe, "Le culte de Dea Caelestis", *Aufstieg und Niedergang der römischen Welt*, 2. 17. 4, 1984, pp. 2203-2223; Lipinski, 1992, p. 86; 438f; Rives, 1995, p. 65; A. Cadotte, *La romanisation des dieux. L'interpretatio romana en Afrique du Nord sous le Haut-Empire*, Leiden, 2007, pp. 65-111.

(28) *CIL*, VIII, 26605.

(29) *CIL*, VIII, 15513; 15514; 26604; 26605; 26606; 26607 (= *IL Tun*, 1435); 26609; 26465 (= *IL Tun*, 1388); 26528; 26528a + 15261g (= *IL Tun*, 1405); *IL Tun*, 1434.

(30) *CIL*, VIII, 26524 = *ILAfr*, 521.

(31) *CIL*, VIII, 1471; 15514.

(32) Khanoussi et Maurin, 2000, p. 76.

(33) Brouquier-Reddé et Saint-Amans, 1997, p. 179. ガビニア・ベアタの孫が Q. Marcius Rufinus であると述べられているが、Marcius と Marius を誤認しているものと思われる。

(34) *CIL*, VIII, 26467, a-e + *CIL*, VIII, 26469, a-b = *ILAfr*, 515.

(35) *CIL*, VIII, 26468.

(36) *AE*, 1997, 1663b.

(37) *AE*, 1997, 1663a.

(38) *CIL*, VIII, 26470.

(39) *CIL*, VIII, 26467, a-e + *CIL*, VIII, 26469, a-b = *ILAfr*, 515; *CIL*, VIII, 26468; *AE*, 1997, 1663a; 1663b.

(40) *CIL*, VIII, 26470.

(41) Rives, 1995, p. 126; Khanoussi et Maurin, 2000, p. 72.

(42) Khanoussi et Maurin, 2000, pp. 71-73; Saint-Amans, 2004, pp. 296-297.

(43) それぞれの建造物、神々および碑文の関係については Brouquier-Reddé et

Saint-Amans, 1997, pp. 175-199; Saint-Amans, 2004, pp. 287-298 に詳しい。cf. M. Khanoussi und V. M. Strocka（Hrsg.）, *Thugga* I, Mainz, 2002.

（44）Rives, 1995, pp. 130-131.

（45）Cadotte, "Neptune Africain", *Phoenix*, vol. 56, 2002, pp. 330-347; id, 2007, pp. 308-324; Saint-Amans, 2004, pp. 153-154.

（46）P. Petitmengin, "Inscriptions de la region de Milev", *Mélanges d'archéologie et d'histoire*, vol. 79, 1967, pp. 190-205; Bénabou, 1976, pp. 356-359; Rives, 1995, pp. 130-131.

（47）Rives, 1995, pp. 131.

（48）*CIL*, VIII, 26491 + 26492.

（49）Rives, 1995, p. 128-130; Cadotte, 2007, pp. 253-281; Saint-Amans, 2004, pp. 150-153.

（50）*IRT*, 294.

（51）Bénabou, 1976, pp. 351-356; Rives, 1995, pp. 128-131.

（52）M. Le Glay, *Saturne africain, Histoire*, Paris, 1966, p. 120; Rives, 1995, p. 127; Cadotte, "Frugifer en Afrique du Nord: épithète divine ou dieu à part entière ? ", *Zeitschrift für Papyrologie und Epigraphik*, Bd. 143 , 2003, p. 187.

（53）ユピテル：*ILS*, 3017. ケレス：*ILS*, 3336; Apul. *Met.* 6. 2.

（54）北アフリカにおけるフルギフェルの使用例については Cadotte, 2003, pp. 187-200 を参照。

（55）カドットはおそらくベルベル人起源の神であると推測している。Cadotte, 2003, p. 200.

（56）*AE*, 1969-70, 650; *CIL*, VIII, 26471.

（57）トゥブルシク・ブレ：municipium Septimium Aurelium Severianum Antoninianum Frugiferum Concordium Liberum Thibursicensium Bure（*ILAfr*, 506）。ハドゥルメトゥム：colonia Concordia Ulpia Traiana Augusta Frugifera（*ILS*, 6111）。

（58）Bénabou, 1976, pp. 331-380.

（59）Rives, 1995, p. 132.

（60）Saint-Amans, 2004, pp. 149-155.

（61）新たに建設されたカルタゴ植民市において、かつてのポエニ期カルタゴの女神であるカエレスティス信仰が確認できる（August. *De Civ. D.* 2.26; Quodvultdeus, *Lib. De prom.* 3.44.）。つまり人々の出自（起源）と文化の起源が一致しなくとも不思議ではないのである。

（62）コンコルディアの意味の変遷に関しては C. F. *Noreña, Imperial Ideals in the Roman West: Representation, Circulation, Power*, Cambridge, 2011, p. 132-136.

（63）*CIL*, VIII, 26471.

（64）*CIL*, VIII, 26466.

第 III 章

トゥッガにおけるサトゥルヌス神殿建設

はじめに

　古代ローマ時代の北アフリカの研究ほど、明白に近代の帝国主義と重ねられて語られてきた対象はないだろう。近代以降のローマ支配期北アフリカの研究はヨーロッパの帝国主義言説を色濃く反映してきたといえる。19世紀以来、ローマ帝国支配期北アフリカ研究を主導してきたのはモロッコ、アルジェリア、チュニジアを支配していたフランスであり、その植民地支配を正当化する言説が研究にも大きな影響を与えてきたのである。しかし、アフリカの国々が独立を迎えた 1960 年代以降、そうしたヨーロッパ中心の歴史観の読み替えが始まり、現在ではポストコロニアル理論の進展と相俟って、ヨーロッパ中心主義批判の中心的な対象となっている[1]。

　現在、ローマ帝国支配期北アフリカを研究する者で、従来どおりの「文明を持たない現地人がローマ文化に触れることで文明化された」という旧来のローマ化による解釈を素朴に受容する研究者はいないであろう。こうしたローマ化という「大きな物語」が解体された結果、昨今のローマ帝国支配期北アフリカ研究、特にその文化についての研究は細分化され、複雑な現地社会、文化のあり方に対し多様なアプローチが行われている[2]。

　このような傾向は 19 世紀以降の帝国主義言説に彩られた研究を脱却す

るという点で意義のあるものである。しかしながら、ローマ化という判断
基準が解体されたことによって、個別研究を貫く大きなヴィジョンが示し
にくくなっているのも確かであろう。本章での考察も個別研究の域を出る
ものではないが、属州文化研究の枠組みの問題点を指摘することで、筆者
なりの解決への筋道を提示することが可能であると考えている。

　本章では、以上のような問題意識のもと、ローマ帝国支配期北アフリカ
研究の動向を踏まえた上で、複数文化が混淆するなかで、いかに文化が形
成され、その形成過程が個別・具体的なコンテクストのなかでどのような
意味を持っていたのか分析を行う。第Ⅰ章、第Ⅱ章では2世紀という
トゥッガの政治状況が変化した時代に焦点を当て、ローカル・エリートが
果たした役割を中心に考察を行った。本章も同じく2世紀のトゥッガを主
な考察対象とする。本章で中心的に論じるサトゥルヌス神殿建設の事例は
194年から195年頃というトゥッガがムニキピウムになる205年のまさに
直前の時期のものであり、前章までで論じてきた両コミュニティをつなぐ
ような試みの特徴が端的に示されている事例であると考えられる。この事
例を考察することによって、トゥッガという場を共有する人々が、自身の
置かれた環境のなかで行っていた宗教的実践をより具体的に見ていくこと
が可能であろう。

1　2世紀後半における両コミュニティの共同奉献

　第Ⅰ章、第Ⅱ章において、両コミュニティの保護者とそれを担った氏族
の事例から、2世紀において両コミュニティが接近していたことを示し
た。ここではさらに、宗教関連の奉献について、1世紀から2世紀でどの
ような変化があったか見ていきたい。

　巻末付録の表3は宗教関連の奉献碑文に記されたコミュニティを示した
ものである。この表で「碑文に記されたコミュニティ」の項目には、碑文
において何らかの形でコミュニティの名が登場しているかどうかを判断材

料としている。そのため、キウィタスやパグスが奉献の主体になっている事例だけでなく、前章までで論じたコミュニティの保護者の事例や奉献の対象となっている事例も含んでいる。いずれにしても、ここで重要なのは碑文にコミュニティの名がどのような形で刻まれているかである。単体のコミュニティで記されている場合と、両者がともに記されている場合とでは、製作者の意図だけでなく、それを見る者の認識に違いが生じてくる。つまり、両者を全く別のコミュニティと認識するか、あるいは二つで一括りのものと考えるかという問題が碑文への刻まれ方にあらわれていると想定できるのである。

　巻末付録の表3で色を塗って強調されているものがパグスとキウィタスの両コミュニティが刻まれている事例である。1世紀においては14事例中、両コミュニティの保護者リキニウス・ルフスの1事例しか確認できない。それに対し、2世紀に関しては18事例中9事例に両コミュニティの名を確認できる。1世紀においては片方のコミュニティのみであったものが、2世紀においては両コミュニティがともに刻まれる事例が増加していることが読み取れる。

　ここから保護者の事例同様、両コミュニティの接近を読み取ることができるだろう。また、両コミュニティが同時に刻まれている碑文が都市内に増加することで、両コミュニティを二つで一つのまとまりのものと考える認識を強めることになったと推測できる。

　さらにサトゥルヌス神殿建設と年代が近い2世紀後半における事例を見ていくとこの時期の奉献の特徴が際立ってくる。巻末付録の表3において、コミュニティ名の前に黒丸（●）が付けられているものは、両コミュニティが奉献の主体となっていることが明確なものである。2世紀後半において両コミュニティが刻まれた宗教関連の奉献は7事例が存在する。この7事例の内、17のミネルウァの聖域に対する奉献を除いて、6事例が、両コミュニティ主導で行われたことが明確な事例である。

　以下に引用する碑文はこの6事例のなかの22のミネルウァ・アウグスタに対するものと31のユノ・ルキナに対するものである。

トゥッガのパグスとキウィタスが都市参事会の決定によって、公の費用でミネルウァ・アウグスタに捧げた[3]。

ユノ・ルキナ・アウグスタに捧げた。トゥッガのパグスとキウィタスが行い、奉献した[4]。

ミネルウァに対する碑文は 166 年から 169 年に、ユノ・ルキナの碑文は 160 年から 205 年に年代づけられている。短いものではあるが両者ともにパグスとキウィタスが主導して奉献を行っていることが読み取れる。

こうした両コミュニティが主導で行った宗教関連の奉献が 160 年代から続出してくるのである[5]。このことは両コミュニティ共同での活動が 2 世紀後半には増加したことを示唆している。2 世紀に入ると徐々に両者の境界は弱まり始め、その世紀の後半には実際に両コミュニティが共同で宗教的な奉献を行い始めるのである。本章で考察対象となるサトゥルヌス神殿もこうした両コミュニティ共同での奉献の一事例である。

2 トゥッガにおけるサトゥルヌス神殿

(1) バアルとサトゥルヌス

まず、サトゥルヌス神殿に祀られていたバアル＝サトゥルヌスについて考察を行う。バアル神はカルタゴで信仰されていた神であり、その信仰はカルタゴの勢力拡大にともない北アフリカ一帯に広まっていた。カルタゴが滅亡し、ローマ支配下に入ると、バアル神はサトゥルヌス神と同一視され信仰されることになると一般的にいわれている[6]。

こうしたバアルとサトゥルヌスが同一視されて信仰されていたという証拠は北アフリカ各地に見られる[7]。最もそれを明確に示す証拠として、しばしばあげられるのがサブラタ出土の 1 世紀終わりから 2 世紀前半に年代

づけられる新カルタゴ語とラテン語の2言語表記の奉献碑文であり、この碑文ではラテン語でサトゥルヌスとされている部分が新カルタゴ語のバアルと対応している[8]。また、ティニッスート出土の2世紀半ばの新カルタゴ語碑文によって、バアルとタニトの聖域とされていた場において、ローマ時代にサトゥルヌスとカエレスティスに対し奉献が行われていたことがわかっている[9]。同様にカルタゴ出土の2世紀半ば頃のものとされる新カルタゴ語碑文においても、バアルとサトゥルヌスが同一視されていた状況が確認されている[10]。つまり、この時代の北アフリカにおいて、かつてのバアルがサトゥルヌスと名を変えて信仰されていたと見ることができるのである。

　トゥッガにはもちろんサトゥルヌス以外の神殿もある。さらに2世紀においては他にも多くの神殿建設はなされている。しかしながら、リーブスがサトゥルヌス信仰を「ローマン・アフリカにおいて最重要な地域的信仰」[11]とみなしているように、その重要性を考慮するならばサトゥルヌス神殿に焦点を当てることは的外れなことではないだろう。

　以下ではまず195年のサトゥルヌス神殿以前のパグスにおいて1世紀に建設されたサトゥルヌス神殿について見ていく。少なくとも1世紀以降、キウィタスだけでなくパグスにおいてもサトゥルヌスが馴染みのある神になっていた状況を見た上で、195年のサトゥルヌス神殿建設の考察を行っていく。

(2) パグスにおけるサトゥルヌス神殿建設

　トゥッガにおいても北アフリカの他地域同様に、バアル＝サトゥルヌス信仰はローマ支配期以前から存在している。キウィタスには紀元前2世紀頃までさかのぼることができるバアルの聖域があり、ローマ支配期においても継続してサトゥルヌスの聖域として利用されていたことが発掘調査によって判明している[12]。このバアル＝サトゥルヌス信仰がキウィタスで確認されているもののなかで最も規模の大きな信仰であり、トゥッガにお

いてはまさに現地人の宗教の代表的なものであったといえるだろう。

　他方で、キウィタスだけでなくパグスにおいてもサトゥルヌス神殿が建設されていたことが以下に記した碑文からわかっている。

　　神君アウグストゥスの息子、皇帝ティベリウス・カエサル・アウグストゥス、大神官、護民官職権を38回保有し、コンスルに5回就任したる者に対し、ルキウスの息子、アルネンシス選挙区、二人委員ルキウス・マニリウス・ブッコが捧げ、ガイウスの息子、アルネンシス選挙区、パグスの保護者ルキウス・ポストゥミウス・キウスが自身と息子フィルムスとルフスの名において、フォルムとカエサルの神殿の正面の広場を舗装し、アウグストゥスの祭壇、サトゥルヌスの神殿、アーチを自費で建設されるよう配慮した[13]。

　これはフォルム近辺から発見された紀元後36年から37年頃に年代づけられる碑文である。ここからパグスにサトゥルヌスの神殿が建てられたことが読み取れる。資金の提供者であったキウスはパグスの保護者であり、彼がアルネンシス選挙区に属していることからパグスのローマ市民権保持者であり、家名から解放奴隷の息子であったとみなされている[14]。奉献者として記されているブッコという人物は二人委員であることなどから指導的な市民であったことがわかる[15]。

　では、ローカル・エリートといえるこの二人が、キウィタスにおいて信仰されていたサトゥルヌスの神殿をパグスに建設したのはなぜなのだろうか。リーブスは、現地の有力な神の神殿を奉献することで、自らの幸運を呼び込もうとしたという宗教的・個人的な動機をあげている[16]。確かに碑文のみから判断するならば、宗教的・個人的な動機のみしか読み取れないだろう。しかし、隣接したキウィタスに古くからのサトゥルヌスの聖域があることを考慮すると、ただ単に宗教的・個人的な理由だけではなく、別の理由が浮かび上がってくる。

　キウィタスにおいて重要であったサトゥルヌス信仰をローマ市民権保持

者のコミュニティであるパグスに導入することで、キウィタスに対し協調していこうとする姿勢を示そうとしたと考えられる。つまり、パグスにおけるこのサトゥルヌス神殿の建設は、二重のコミュニティを有するというトゥッガのおかれた状況のなかで、二つのコミュニティの協調をはかろうとした二人のローカル・エリートの戦略とみなすことができるのである。

こうしたパグスの側から現地文化を導入していく動きがあったことを考慮するならば、パグスを単にローマ文化を浸透させていくための前哨基地としてのみ位置づけることはできない。むしろトゥッガという場を共有する二つのコミュニティが相互に影響を及ぼしながら徐々に両者の境界を弱めていったと考えるほうが妥当であろう。

量的には2世紀ほどではないにしても、1世紀の段階ですでにこうした両コミュニティの境界を越えていく可能性のある実践が行われていたことをこの事例は示している。政治制度上は完全に別のコミュニティであっても、同じ場を共有していることで、文化的には早い段階で両者の接近が始まっていたことを示している。

(3) 195年のサトゥルヌス神殿建設

以上がパグスにおけるサトゥルヌス神殿建設の事例であるが、もう一つのサトゥルヌス神殿建設が2世紀末においても行われている。205年に単一のコミュニティとしてムニキピウムに昇格する直前の195年において、古くからのサトゥルヌスの聖域に新たな神殿が建設されることになる。

この新たな神殿は市域の東の端に建設され、東側を斜面、北と西側を断崖によって囲まれた場所に作られている。この神殿建設において古いバアルの聖域は神殿の中心部として保たれ、舗装された。さらに、三面がコリント式の列柱廊で囲まれ、背面には三つのケラが作られた[17]。また、この神殿建設と同時にサトゥルヌスの像が作られている[18]。

より単純に理解するならば、この新たな神殿建設によって、もともとカルタゴのトフェトを彷彿させる野外の神像を持たない形式の聖域であった

ものが、神像をもつ「ローマ的」な神殿へと変遷したと捉えることもできる。しかしながら、このような神殿の変遷、バアルの聖域とサトゥルヌス神殿の連続性に対し研究者からは様々な解釈が出されているのが現状であり、単純にローマ化と解釈することはできない。

　M. ルグレイはこの神殿を「東西の文化の融合」とみなし、多様な宗教的影響を想起させるものであると述べている[19]。それに対しベナブは、この神殿に関して直接論じてはいないものの、バアルとサトゥルヌスの連続性を論じている箇所において、サトゥルヌス信仰における現地的な要素の残存に注目し、ローマ化に対する力強い抵抗を強調している[20]。

　こうしたベナブの見解に対しリーブスは、サトゥルヌス信仰はローマ化に対する抵抗による単なる残存ではないとし、宗教的アイデンティティ形成における属州民の精力的、創造的役割の事例としてみるべきであるとしている。そのうえで彼は、属州民は単なるローマの伝統のパッシブな受容者ではなく、積極的かつ選択的に、彼ら自身の目的のために文化的要素を採用していたと主張している[21]。

　以上のように、この神殿をめぐって様々な解釈が行われているのだが、序論でも述べたように、ベナブの抵抗とみなす解釈ではローマの文化が流入して以降の文化を不純なものとして排除しかねない。またルグレイの「多様な宗教的影響」という解釈では、一般論に還元されてしまい、現段階においてそれを証明するだけではさほど意味がないだろう。むしろ「多様な宗教的影響」を前提とした上で、リーブスが主張するように、現地の人々の積極的かつ選択的なあり方に注目する解釈がより有効な見方である。

　しかし、リーブスに関しても問題がないわけではない。彼は属州民が宗教的アイデンティティを形成するため選択を行ったとしているが、属州民に選択を迫るものは宗教的アイデンティティの獲得というような抽象的なものだけではなく、むしろ自分たちが置かれているより具体的な政治的、文化的状況ではないだろうか。トゥッガであるならば、二重のコミュニティとそれに関わる政治的、文化的状況を具体的に考慮しなければ、現地の人々の宗教的実践のあり方を理解できないであろう。本章ではリーブス

の解釈を補完するために、具体的な政治的状況のなかで現地の人々の実践を解釈する。

　次に引用する碑文は現地の人々の実践を見る上で、示唆に富む情報を提示している。

　　皇帝カエサル・ルキウス・セプティミウス・セウェルス・ペルティナクス・アウグストゥス、パルティアとアラビア、パルティア、アディアベネに勝利したる者、大神官、護民官職権を 3 回保有し、コンスルに 2 回就任したる者、国父とデキムス・クロディウス・セプティムス・アルビヌス・カエサルとユリア・アウグスタ・ドムナ、陣営の母の壮健のために、サトゥルヌス神殿の建設に対し、ルキウス・オクタウィウス・ウィクトル・ロスキアヌスは、5 万セステルティウス相当の名誉の出資から合法的に供されることを誓約し、その建設を完成させるために 10 万セステルティウス遺贈した。その出資は相続人により支払われ、公的に引き渡された。トゥッガのパグスとキウィタスが都市参事会決議によって奉献した[22]。

　この碑文はサトゥルヌス神殿の遺構から発見されたものであるが、セプティミウス・セウェルスとクロディウス・アルビヌス、そしてユリア・ドムナ壮健のために奉献されたことが述べられた後に、神殿建設に際し、ルキウス・オクタウィウス・ウィクトル・ロスキアヌスという人物によって資金が提供され、パグスとキウィタスが共同で奉献したということが記されている。

　ここではキウィタスにおいて重要な神であったサトゥルヌスの神殿を、古くから聖地があった場所にパグスとキウィタスが共同で奉献したということが重要である。両コミュニティの人々が、他のローマの神ではなく現地の人々の信仰と深く結びついたサトゥルヌスを選択し、そこに「ローマ的」な形式の神殿を採用したということになる。先にも論じたように、このことをローマ化の進展、あるいは現地の要素の残存を理由にローマ化に

対する抵抗として捉えることもできるが、この時期のトゥッガの政治的状況を考慮するならば別の解釈が可能である。

　先述したように、この神殿が建設されたのは、行政区分上は二重のコミュニティが解消され、ムニキピウムに昇格する直前の時期であり、キウィタスとパグスの境界が弱まっていた時期であったといえる。トゥッガという同じ場において二つのコミュニティが存在するという状況のなかで、1世紀のキウスの奉献のように間接的ではあれ、両コミュニティの境界を横断していく可能性を秘めた実践が行われることで、徐々にではあるが両コミュニティが接近し始めることとなる。

　パグスとキウィタスの保護者というパトロヌスのあり方、両コミュニティ併記の碑文が示しているように、2世紀になるとその機運はさらに高まりを見せたと考えられる。巻末付録の表1と表3であげた両コミュニティの名が刻まれた碑文はこうした実践の結果、作られたものであり、当然パグスとキウィタスの名が並んで表記されている。両コミュニティが並んで表記された碑文が公に提示されることにより、両コミュニティを「二つで一つのコミュニティ」として考える認識の枠組みが形成され、それがより一層両者の接近を促すこととなったと考えられる。つまり、政治状況などの「環境」が人々に選択を促す一方で、それによって創り上げられた宗教や碑文が両コミュニティをつなぐシンボルとして機能し、ムニキピウムとして新たなコミュニティにいたることになったのである。

　こうした両コミュニティをつないでいく実践の一つの事例が、195年建設のサトゥルヌス神殿だったのである。古くから現地の人々にとっての特別な場所に、サトゥルヌスというキウィタスにおいて重要な信仰の神殿を建設するということを選択し、同時にパグスのローマ市民権保持者にとって、自身の属するローマ世界において支配的であるローマ文化の神殿形式を流用した結果、創造されたのがこのサトゥルヌス神殿であったといえるのである。この実践は、コミュニティのあり方が変遷していく過程において、パグスとキウィタスという二重のコミュニティをつないでいくための新たな宗教を模索した現地の人々の文化の創造過程といえるだろう。当時

のトゥッガの政治状況が現地の人々に両コミュニティをつなぐ信仰のあり方の選択を促し、そうして創り上げられた神殿が両コミュニティを結びつけるシンボルとして機能することで、205年に二つのコミュニティを包含する一つの都市トゥッガとしてムニキピウムになることにいたったのである。

おわりに

　本章では個別・具体的なコンテクストのなかで現地の人々の実践がどのような意味を持っていたのかを見ていくために、二重のコミュニティを有したトゥッガのサトゥルヌス神殿建設に焦点を絞り考察を行った。その結果、トゥッガのサトゥルヌス神殿をとおして、現地の人々がローマ文化、現地文化に関わらず、政治状況に合わせて文化的要素を選択・流用し、文化を創り変えていく姿を読み取ることができた。それはローマ化や抵抗を重視する二項対立的な文化の捉え方や異種混淆性を示すことを目的とする解釈では捉えきれない、現地の人々の文化の創造過程とみなすことができるのである。

　現在の属州研究において、文化の混淆性やそれに類する視点を重視する研究は多々ある[23]。しかし、現地文化の残存状況とローマ文化流入の程度を主眼にし、それによって混淆性を示す語りが主流である。これは異種混淆性を強調し、それを証明することが目的化してしまった結果であるといえる。異種混淆なるカテゴリを創り上げ、それを証明することが目的になってしまっては、異種混淆論は骨抜きになってしまうだろう。そもそも、文学研究から異種混淆概念が提唱されたとき[24]、異種混淆性とは「ローマ文化」や「現地文化」といった本質主義的なカテゴライズから常に逸脱し、支配／被支配という関係を転覆させるものであったはずであり、そこにこそ異種混淆論の意義があったはずだからである。異種混淆という明確なカテゴリを創り上げ、それを証明することを目的としてしまうこと

は、異種混淆論の有効性を損ねてしまっているのである。混淆性を認めていながら、そこには異なる形の本質主義が結果的に回帰しているのである。

　研究者である以上、研究する上で何らかのカテゴリを使わざるを得ない。これは避けられないことではある。しかし、カテゴリから零れ落ち、排除されるものがあることを常に念頭に置く必要がある。ポストコロニアル理論は「オリエンタリズム」や「異種混淆」といった便利なタームを供給したことに意味があるのではなく、研究者の語りのポジションによって排除されてしまう存在を常に意識し続けることの必要性を指摘したことにこそ、その有効性があるのではないだろうか。

　そうしたことを考慮したうえで、現在の属州研究の状況を鑑みた時、文化を考察する上で必要なのは、文化の混淆性を証明することを目的にし、そのカテゴリから零れ落ちるものを排除するような姿勢ではなく、文化の混淆性を前提とした上で、対象社会の人々が状況に応じて文化的要素を選択・流用していく姿を、文化の創造過程として積極的な意味に捉えなおすことではないだろうか。そうすることで対象社会のなかで創り上げられた異種混淆的文化の意味を見出すことが可能になるのである。

第Ⅰ章から第Ⅲ章までの小括

　ここまで2世紀のトゥッガに焦点を当て考察してきた。序論で述べたように、この三つの章は現地の人々の文化的実践を考察したものとして位置づけることができる。第Ⅰ章、第Ⅱ章で論じたマルキウス氏族、ガビニウス氏族による神殿建設、そして第Ⅲ章で論じたサトゥルヌス神殿のどの事例も、2世紀というトゥッガの政治的状況が変わるなかで、新たな都市にふさわしい景観と宗教的アイデンティティを模索した結果であったといえる。

　こうしたエリート層による新たな景観とアイデンティティの形成の試みは、受容者としてのトゥッガの人々にも影響を及ぼしたであろう。巻末付

録の図 1（1）から（3）で示した景観の変遷から見て取れるように、2 世紀において新たな「ローマ風」の公共建造物が立ち並んだことで、それを見る者は自身のコミュニティの変化を意識せざるを得なかったと推察できる。

　また、同時期に碑文にはパグスとキウィタスが併記されたものが増加した。2 世紀に次々と建設された新しい建造物に付随して、同じ文字列が度々表記されることで、それを見る者にパグスとキウィタスが一つのまとまりであることを印象づけることになったと推察できる。

　ただし、神殿建設に意味を込めたエリート側の意図と、トゥッガの人々、特に市民権を持たない人々の受け止め方が必ずしも一致していたとは限らない。エリート側には、そこで祀られた神がローマ帝国内、周辺の地域、あるいはトゥッガの内部においてどのような神であるのかについてある程度の知識があった上で、その神を選び取っている可能性は十分ある。しかし、それを受容する人々は必ずしも同じように知識をもっていなかっただろう。特に古くからその地に居住していた人々にとっては「ローマ」や「カルタゴ」、「現地」といった起源に関係なく、父祖からの「我々の神」であるか、「新たな神」のどちらかの認識であったと考えられる。

　また、エリート側の実践も、一見同じようなものに見えるが、その内容にはヴァリエーションがある。第 I 章から第 III 章までで扱ったどの神殿も、同じように新たな段階にいたろうとしている自らのコミュニティにふさわしい宗教的アイデンティティを形成する実践と捉えることができるが、そこにはローマの神々だけでなく、カルタゴや現地の神々が混在していた。ローマ都市として新たな段階にいたろうとする意図は同じであっても、必ずしも表出のされ方が同じであったとは限らないのである。新たな段階へと変化する途上にある自らのコミュニティにふさわしいものとして選び取られた宗教的アイデンティティは、異種混淆的なものであったといえるのである。

　以上がここまでの章の小括であるが、以降の章では新しい文化史において実践と並んで重要な概念である表象の問題を扱っていく。第 IV 章でポエニ戦争後から帝政初期のカルタゴ・イメージを扱い、それを踏まえた上で

第Ⅴ章ではローマ支配期カルタゴ周辺地域における文化とカルタゴの記憶
の関係を論じることで、表象と実践の両方について関連づけて論じること
を試みていく。

注

(1) 本書序論、3-6頁。

(2) 栗田伸子はこうした研究状況に対し、「ローマ化概念の消極化、曖昧化」、問題意識
の「脱政治化・脱軍事化」という二つの傾向があると指摘し、問題視している。
栗田の述べる二つ傾向は本章であげた「ローマ化」という物語の解体、研究テー
マの細分化とほぼ同じ事をさしていると考えて差し支えないだろう。栗田伸子、
2000年、155-158頁。

(3) *AE*, 1968, 584; C. Poinssot, 1967, pp. 178-179, fig. 2.

(4) *CIL*, VIII, 27357.

(5) 宗教関連以外の碑文においては、皇帝を顕彰する碑文が138年頃（*ILAfr*, 556）、
個人を顕彰するものが117年-138年頃（*ILAfr*, 569 ; *ILTun*, 1512）にすでに両コ
ミュニティ主導でなされている。

(6) G. C. Picard, *Les religions de l'Afruque antique*, Paris, 1954, p. 118; Le Glay,
Saturne africain, Monuments, 2 vols, Paris, 1961 et 1966; id., "Le syncrétisme dans
l'Afrique ancienne", in F. Dunand et P. Lévêque (eds.), *Les syncrétismes dans
les réligions de l'Antiquité*, Leiden, 1975, pp. 123-151; id., "Nouveaux ducuments,
nouveaux points de vue sur Saturn africain", *Studia Phoenicia*, vol. 6, 1988, pp.
187-237; Bénabou, 1976, pp. 370-375; Cadotte, 2007, pp. 25-29.

(7) Cadotte, 2007, pp. 22-23 にバアル＝サトゥルヌス神にかかわる碑文の出土地域とそ
の数を示した地図が載せられている。この地図からサトゥルヌス信仰が沿岸部だ
けでなく内陸部にも広まっており、東はサブラタ、西はジブラルタル海峡に及ぶ
北アフリカの非常に広範囲に広がっていたことが見て取れる。

(8) *AE*, 1980, 900.

(9) *ILAfr*, 307-310.

(10) *CIL*, VIII, 1008.

(11) Rives, 1995, p. 142.

(12) C. Poinssot, 1958, pp. 65-66; Le Glay, 1961 et 1966, vol. 1, pp. 210-211; Saint-
Amans, 1995, pp. 348-352.

(13) *ILAfr*, 558.

(14) Le Glay, 1961 et 1966, vol. 1, p. 213.

(15) カルタゴの碑文において見出される同じ cognomen の人物と同一人物だとみなさ
れている。*CIL*, VIII,24542. Cf., Le Glay, 1961 et 1966, vol. 1, p. 213; Rives, 1995, p.
106, n. 18.

（16）Rives, 1995, pp. 110-111.

（17）C. Poinssot, 1958, pp. 63-66; Le Glay, 1961 et 1966, vol. 1, pp. 208-212; Saint-Amans, 1995, pp. 348-352.

（18）C. Poinssot, "Statues du temple de Saturne（Thugga）", *Karthago*, vol. 6, 1955, pp. 91-129.

（19）Le Glay, 1961 et 1966, vol. 1, p. 211.

（20）Bénabou, 1976, pp. 370-375.

（21）Rives, 1995, pp. 149-153.

（22）*CIL*, VIII, 26498.

（23）本書序論、注（23）参照。

（24）ホミ・バーバ、本橋哲也・正木恒夫・外岡尚美・阪元留美訳『文化の場所 —— ポストコロニアリズムの位相』、法政大学出版会、2005 年。

第 IV 章

ポエニ戦争後から帝政初期における
カルタゴの記憶

はじめに

　さあ、テュロス人たちよ、彼の血統、来るべき全ての子孫をお前たち
は憎悪をもって悩ますのだ。［中略］立ち上がれ、わが骨より生まれ出た
復讐者よ。火と剣をもって、トロイア人の植民者たちのうしろから迫る
のだ、今も、これから先も、力のある時にはいつであれ。［中略］彼らも
その子孫も戦い続けんことを [1]。

　この引用はウェルギリウスの『アエネイス』においてカルタゴ建国の女
王ディドが自殺する前に述べる呪いの言葉である。ここで注目すべきは、
「わが骨より生まれ出た復讐者」という言葉である。この部分は「復讐者」
として第二次ポエニ戦争時の将軍ハンニバルが暗示されていると考えられ
ている [2]。つまり、この呪いの言葉によってディドはハンニバルの登場と
カルタゴとローマの敵対関係を暗示しており、両者の対立は帝政初期に創
られた神話のなかに組み込まれているのである。
　本章ではポエニ戦争後、つまりカルタゴ滅亡後において、カルタゴがい
かに記憶されたかを考察する。冒頭のウェルギリウスの引用のように、カ
ルタゴの記憶はポエニ戦争時の両者の対立が前提となって語られていく。

つまり、ローマの敵を象徴するものとしてカルタゴのイメージは構築されているのである。このカルタゴの記憶は次章で論じる、本来ポエニ期カルタゴと関係のないはずのローマ植民市としてのカルタゴにも関係してくることとなる。

　こうした他者表象に関する先駆的研究としてE. サイードがあげられる。サイードはその著作『オリエンタリズム』[3] において、西洋人によって「東洋」が構築され、それが自己アイデンティティの形成とオリエントの支配に寄与していることを暴いて以降、ポストコロニアル理論に影響された研究が見られるようになった。古代ローマ史においてもそれは例外ではなく、ポストコロニアル理論に影響を受けた他民族表象の研究はさかんに行われている[4]。

　しかしながら、こうした研究は、ギリシア人、ガリア人、ゲルマン人を扱った研究が主流であり、カルタゴに焦点を当てた研究は数少ない。それにはいくつかの理由が存在する。まず、史料が不十分であることがあげられよう。カルタゴ側の史料が皆無であるのは当然であるが、ローマ側の史料も不十分であるといってよい。それに加えて、ギリシア人、ガリア人、ゲルマン人と異なり、実体としてのカルタゴ人はカルタゴが滅亡した前146 年以降、歴史の表舞台から姿を消してしまうことも関連してくる。つまり、イメージと実体を結びつけることが困難なのである。また、カルタゴ人はガリア人、ゲルマン人のように抑圧されたマイノリティとして位置づけることができず、ギリシア人のようにローマと文化的なつながりが明白なわけでもない点も、カルタゴに焦点を当てる研究がなされてこなかったことの一因となっているように思える。

　しかしながら、困難であるとはいえローマ人の自己アイデンティティの形成を分析する上で、カルタゴを無視することはできないだろう。キケロは、ローマ人をガリア人、ヒスパニア人、カルタゴ人、ギリシア人とは対照的な人々とみなしている[5]。このことからも、カルタゴ・イメージを分析することが、ローマ人の自己アイデンティティ形成を考察する上で決して無意味なことではないことがわかる。

また、先にカルタゴが滅亡していることが研究を困難にしていると述べたが、このことが逆にカルタゴ・イメージを研究する上で、他にはない特殊性を持たせ得るように思える。なぜならば、実体としてのカルタゴが存在しないことが、実体に束縛されないイメージの構築を促し、利用しやすいものとしたと考えることができるからである。

ローマ人によってカルタゴ・イメージがいかに構築されたのかを分析することを通して、ローマ人の自己アイデンティティ形成の様相を探求していくことが本章の目的である。もちろんカルタゴ・イメージのみで、ローマ人の他民族観や自己アイデンティティの形成に関して全てを語ることはできない。しかしながら、ローマ人にとってのカルタゴ人の位置づけは、ギリシア人やガリア人と同様、決して小さなものではないのも確かであり、ローマ人にとっての他者イメージの一つの事例としてカルタゴ・イメージを分析することは、有益であるだろう。

ここからは、こうしたカルタゴ・イメージの研究がいかになされてきたかを見ていく。カルタゴ・イメージの研究は長い間、主に西洋古典の分野で行われてきた。そうした研究者たちは、ローマの著作においてカルタゴは残酷で、傲慢で、不誠実な姿で現れてくると主張している。例えば、E.ブルクは、カルタゴ人はローマ人の正反対のものとして描かれ、残酷で、傲慢であるというステレオタイプがラテン文学のいたるところで見られると主張している[6]。

P. G. ウォルシュもまたラテン文学に現れてくるカルタゴのイメージをブルクと同様に捉え、特にハンニバルにおいて、不誠実で、冷酷で、不敬な姿というものが際立っており、ローマの偉大な指導者と正反対な人物として描かれていると述べている。さらに、このローマとカルタゴの対比はスキピオとハンニバルにおいて顕著であり、ローマの美徳を体現しているスキピオとは対照的に、ハンニバルは異民族の悪徳を体現している、と主張している[7]。

また、N. ホースフォールも、カルタゴ人は残酷で、不誠実で、有害な人々として描かれており、リウィウスやその同時代の人々によって、カル

タゴ人やハンニバルに対する非難は繰り返し述べられていると主張しており、前二者と同様に捉えているとみなしてよいだろう[8]。

ここまで述べてきたようにブルク、ウォルシュ、ホースフォールの三者は、カルタゴはネガティブなイメージで描かれてきたということを主張しているものの、それ以上に踏み込んだ分析はしていない。

こうした流れのなかで、従来の研究を踏襲しながらも、それぞれの視点でカルタゴ・イメージを論じたのが、M. デュブイッソンとS. ランセルである。まず、デュブイッソンは、従来の研究を受け入れた上で、ローマの「自民族中心主義」によってカルタゴのイメージは歪められているということを強調していている。さらに、彼は地理的観点を取り入れ、カルタゴのイメージには二つの特徴があるという独自の論を展開した。一つはローマ人のオリエント観が反映したものであり、それはモラルを破壊するような狡猾さや、不誠実さであるとみなし、その原因をカルタゴ人の起源がオリエントのフェニキア人にあることとしている。もう一つの特徴は、アフリカのバルバロイに近い、貪欲さや残酷さであるとし、その原因をカルタゴの位置が、ヌミディア人などが住むアフリカにあることであると主張している[9]。しかし、彼の研究は残念なことに、紙面が少なく、史料の引用箇所に誤りがあるなど、非常に粗いものとなっている。

先述したようにカルタゴのイメージの研究は、古典研究を中心に行われてきたのだが、1990年代に入り、カルタゴ研究者のランセルがカルタゴの将軍ハンニバルについて分析した研究において、ハンニバルのイメージについて扱っている。彼はキケロやリウィウスの例をあげ、ハンニバルが「内乱の一世紀」において恐怖の代名詞として残酷で、貪欲な非人間的な姿で描かれるようになると述べている。しかし、帝政期に入ると、次第にその恐怖は薄れ、あたかも伝説の存在のようになっていくと主張した[10]。彼の研究は、それ以前の研究とは違い、ハンニバルのイメージと時代背景を結びつけ、歴史的視点を取り入れて論じられている点において、非常に意義のあるものである。しかしながら、この問題を扱った部分にはわずかなページしか割かれていないこともあり、時代背景に関する深い考察、特

にランセル自身が提示している「内乱の一世紀」における政治的動向とカルタゴ・イメージの関連性についての考察が十分になされていない。

2000年代に入り、古典研究者のY. サイドが神話上のカルタゴの女王ディドに関してジェンダーとエスニシティという多角的な観点から分析するという新たな論を展開している。サイドは、カルタゴ人が政治的脅威ではなくなった後においても、不誠実で、狡猾で、残酷な人々として描かれていると主張した上で、ディドは女性としても、カルタゴ人としても、男性的でローマ的なアエネアスに対する「他者」として描かれていると述べている。さらにディドの残酷さや不誠実さは、アエネアスに対する愛情によってもたらされたものであるが、ディドのカルタゴ人であるというエスニシティは無視することはできないと指摘している[11]。

また、2010年にE. アドラーがポリュビオスとリウィウスにおけるハンニバルの演説からハンニバル描写の分析を行っている。彼はポリュビオスとリウィウスのハンニバル像の差異を示し、リウィウスの描写においてはポエニ人のネガティブな特質が強調されていることを指摘している[12]。

こうした近年のサイドやアドラーの研究は、従来の研究とは異なる角度からカルタゴ・イメージを分析している点で、研究史上の意義は大きい。しかしながら、これらの研究では、それぞれの古典テクスト内におけるイメージについて詳細に分析されてはいるが、そのテクスト外部の時代状況とテクストの関係については考察されていない。つまり、そのカルタゴ描写がいかなる時代状況のなかで生じたものなのかについては関心が払われていないのである[13]。

以上のように先行研究では、カルタゴはローマの著作のいたるところで、マイナス・イメージで語られてきたとしている点で一致している。しかし、カルタゴ人、特にハンニバルが共和政末期から帝政初期にかけて、非常にネガティブに、残虐性が際立った形で描かれている原因を、時代背景を踏まえた上で論じている研究は、ランセルが「内乱の一世紀」の動向が関わっていることを示唆しているのを除いて[14]、ほとんどないといってよい。カルタゴ破壊から100年以上が過ぎた時期に過度にネガティブな

描写がなされることには、当時のローマ史の動向を踏まえた上で、何らか
の説明が必要であるように思える。また、先行研究においては、西洋古典
の分野が中心であったために、カルタゴ・イメージがローマ人にいかに利
用され、作用したのか、という視点が決定的に欠けている。テクスト内で
完結した研究ではなく、歴史的コンテクストと関連づけた研究が必要であ
る。

　本章では先行研究が示した知見を受け入れた上で、共和政末期に現れて
くる過度にネガティブなカルタゴ・イメージを中心に分析し、その原因を
探る。さらに、後半ではローマ人によってカルタゴ・イメージが利用され
ていく過程を分析することで、それが当時のローマ人にいかに作用したの
かを考察する。そして最終的には当時のローマ人のアイデンティティと歴
史認識がいかに構築されていったのかを示していきたい。

1　カルタゴ・イメージ

(1)　カルタゴ人像

　カルタゴ人は、ローマ人による著作のなかで「狡猾」「不誠実」「貪欲」
「残酷」といった言葉とともに語られており、そこにはローマ人のステレオ
タイプが入り込んでいると考えられてきた。しかしながら、こういったス
テレオタイプの起源はローマ人自身ではなく、ギリシア人のフェニキア人
観に由来するといわれており、例えば、ホメロスなどにそうしたステレオ
タイプはすでに見られる [15]。このようなギリシア人のフェニキア人に対
するステレオタイプが、いつ、どういった形でローマに入ってきたのかは
明確ではないが、おそらくエトルリアやマグナ・グラエキアなどを通じ
て、少なくともポエニ戦争の時期までには、ローマに入り込んでいたと考
えられる。なぜなら、第二次ポエニ戦争期の喜劇作家プラウトゥスの作品
に、同様のステレオタイプが見られるからだ [16]。

第Ⅳ章　ポエニ戦争後から帝政初期におけるカルタゴの記憶　89

　そこで、プラウトゥスの記述から考察を行う。彼は第二次ポエニ戦争の時期を生きた喜劇作家だが、彼の『カルタゴ人』という喜劇のなかでは典型的なステレオタイプでカルタゴ人は捉えられている。

　　このような様子で利口に、巧妙に、娘たちを捜しているのです。さらに彼は、全ての言葉を理解しているのですが、知っていながら、知っていることを隠しています。完全なるカルタゴ人なのです[17]。

　　このポエニ人は、確かに立派なペテン師だ[18]。

　一つ目の史料はこの喜劇の主人公カルタゴ人のハンノを紹介している部分、二つ目はハンノに対するミルピオという人物の台詞である。この作品の制作年は明らかになっていないが、第二次ポエニ戦争直後、前190年前後だと考えられている[19]。ここには先にも述べた不誠実で狡猾なカルタゴ人の姿が描かれている。この作品にはこのような記述が多く見られるのだが、喜劇のなかで狡猾で、不誠実なカルタゴ人というモチーフが当然のように使われていることから、この時代のローマ人にカルタゴ人＝「狡猾で、不誠実な人々」というイメージはある程度流通していたと考えてもよいだろう。

　しかしながら、ここで注目すべきなのは、主人公であるハンノは、誘拐された娘たちを捜す父親として同情的に描かれている点である[20]。そこには敵としてのカルタゴに対する過度の憎悪のようなものは見られず、ギリシア人以来の使い古されたカルタゴ人像を示しているに過ぎない。喜劇作品であるということも考慮しなければならないが、第二次ポエニ戦争の記憶がまだ生々しかった時期に、このような作品が描かれたということから、従来のステレオタイプから逸脱するような過度なマイナス・イメージでは捉えられていなかったと考えられる。

　こういったギリシア人以来の使い古されたカルタゴのイメージは他の著作にも大量に現れてくる。例えば、ローマに長年滞在し、小スキピオとも

親交が深かったギリシア人の歴史家ポリュビオスは、ローマ人の「慈悲深さ（πραότης）」と「寛大さ（μεγαλοψυχία）」と対比して、カルタゴ人を「不誠実さ（ἀπιστία）」と「過酷さ（βαρύτης）」という言葉をもって描いている[21]。

　共和政末期のキケロの著作においても同様に型にはめられたイメージでカルタゴ人は描かれている。キケロは「カルタゴ人は既に何度も我々を欺いて（Carthaginienses autem persaepe iam nos fefellerunt.）[22]」おり、「残虐（crudelitas）[23]」で「残忍極まりない敵（crudelissimus hostis）[24]」として描いている。

　以上のように、キケロにおいてもカルタゴ人に対する型にはまったステレオタイプ的描写が見られる。しかし、同時に次のキケロの記述に見られるように、共和政末期の著作にはこうしたステレオタイプの延長線上にありながらも、そこから逸脱した形式のカルタゴ人像が見て取れる。

　　瞼を切り取り、機械に括りつけ、眠らせぬことによってカルタゴ人が殺した、かのM.レグルスも［後略］[25]。

　レグルスは第一次ポエニ戦争で捕虜にされた人物だが、ポリュビオスにおいては捕虜にされた記述はあっても拷問の末、殺されたことは書かれていないことなどから[26]、この逸話は後の時代の創作であるとみなされている[27]。こうした逸話がいつ付加されたのかは定かではないが、キケロの他にもリウィウス、ホラティウスに記述が見られることから、共和政末期から帝政初期には広まっていたと考えてよいだろう[28]。この史料に見られるカルタゴ人描写は、拷問の様子を詳細に、具体性をもたせて描いている点など、従来のステレオタイプを踏襲しながらもそこから逸脱するほどカルタゴ人に残虐性を付加しているのである。

　キケロより少し後の時代、共和政末期から帝政初期にかけて執筆を行ったリウィウスにおいても型にはまった残酷で、狡猾なカルタゴ人像は登場してくる[29]。つまりリウィウスに関しても、ギリシア人以来のステレオ

第IV章　ポエニ戦争後から帝政初期におけるカルタゴの記憶　91

タイプを踏襲しているとみなすことができる。しかしながら、キケロ同様にこうしたステレオタイプの延長線上にありながらも、そこから逸脱した形式のカルタゴ人像が見て取れる。

　　生まれつき、習慣として残酷で、野蛮であるこの人々を将軍自ら（ハンニバル）が、積み重なった人間の身体で橋や堤防を築き上げ、［中略］人肉の食べ方を教えたことによって、より残酷にしたのである[30]。

　これはカルタゴ軍の様子が語られている箇所であるが、ここではカルタゴ軍は「人間の身体で橋や堤防を築き上げ」、「人肉を食べ」るような非人間的な残酷さをもって描かれている。こうした描写は、従来のステレオタイプを踏襲しながらも、そこから逸脱するほど、カルタゴ人に残虐性を付加しているように見える。プラウトゥスのようなポエニ戦争期の著作ならまだしも、共和政末期から帝政初期という時代において、このような従来とは異なるカルタゴ人像が生じてくるのは不可解なように思える。
　次の（2）では、こうした新たに生じてきたカルタゴ人像を見る上で、ローマ人にとって最も典型的なカルタゴ人として描かれるハンニバルのイメージに焦点を絞る。ローマを破滅寸前まで追い込み、15年以上の長きにわたって、イタリア半島内でローマを苦しめたことで、ローマ人の記憶に刻み込まれたハンニバル像の変化には、こういった言説の変化がより顕著に反映していると考えられるからである。

（2）ハンニバル像

　ここではまず前198年から117年頃というポエニ戦争期を生きたポリュビオスが描いているハンニバル像を見ていく。ポリュビオスに関してはギリシア人であるということも考慮しなければならないが、ローマの知識人層と親密な関係を持っていたことや[31]、後のローマの歴史家たちが彼の著作を参考にしたと考えられることから、ハンニバル像の一つの例として

提示することは、その後のローマ人によるハンニバル描写を考える上で有効であろう[32]。ポリュビオスは次の史料に見られるように、ハンニバルをカルタゴ人の典型的な悪徳をもつ人物として描いている。

　とにかく評判では、カルタゴ人の間では彼（ハンニバル）の強欲さ、ローマ人の間では彼の残酷さで有名であった[33]。

　このように、ポリュビオスはハンニバルを「強欲」で「残酷」な人物として認識している。ここからは従来のカルタゴ人に対するステレオタイプしか読み取れない。しかし、次の史料では異なる評価を与えている。

　我々はハンニバルを多くの点で優れた将軍であるとみなす［後略］[34]

　（このようなことが）この男（ハンニバル）が生まれついての指導者であり、人を動かす資質において他の誰よりも優れているということの注目すべき、適切な証拠である[35]。

　この記述ではハンニバルは有能な将軍、指導者として描かれている。このようにポリュビオスはハンニバルの有能さを賞賛するような記述を残しており、彼がハンニバルの才能を高く評価していたことが読み取れるのである。これらの記述からもわかるように、ポリュビオスは偉大な人物としてハンニバルを描く一方で、使い古されたカルタゴ人像である残酷で貪欲な人物としても描いている。すなわちポリュビオスのハンニバル像はアンビヴァレントなものであるといえる[36]。ハンニバルは輝かしい指導者として描かれながら、一方でカルタゴ人の典型的な欠陥のある人物として、繰り返し描かれているのである。
　こうしたアンビヴァレントなハンニバル像はポリュビオス以降のハンニバル描写にも見られるものである。たとえば共和政末期のキケロは次のようにハンニバルについて記述している。

狡猾と言えば、カルタゴ人ではハンニバル［後略］[37]。

　イタリアにおける支配権をめぐって、ピュロスとハンニバルという二人の将軍との戦いが行われたが、一人は善良さのために、我々もそれほど敵対心を持っていないが、もう一人は残虐さのために、この国は永遠に憎み続けるであろう[38]。

　その精神と知識において、このような事柄（戦争遂行のための事柄）の精通者を最高司令官と呼び［中略］エパメイノンダスやハンニバル、それに類する人々の名前があげられるだろう[39]。

　上の二つに関してはこれまでに述べてきた「狡猾さ」「残虐さ」という、使い古されたカルタゴ・イメージを提示しているに過ぎない。しかしながら、三つ目の記述に関しては、司令官としてのハンニバルの資質を高く評価していることが読み取れる。ポリュビオスに見られたアンビヴァレントなハンニバル像は、共和政末期のキケロにおいても同様に見られるのである。こうしたことから、ハンニバルは将軍、指導者としては有能であるが、一方で、「カルタゴ人的」な悪徳を体現する人物として、ローマ人に捉えられていたということがわかるであろう。

　こうしたハンニバル像はリウィウスにおいても見られるものである。ブルクが述べているように、リウィウスの第二次ポエニ戦争初期の記述において、ハンニバルの軍事的資質を軽視し、悪徳のみを強調している観はあるものの[40]、ポリュビオスにおけるハンニバル像の影響は見られる。例えば、28巻12節において、多様な民族からなる軍隊を束ねるハンニバルの指導者としての才能や、逆境における彼の偉大さを賞賛している記述は、ポリュビオスと同様のものが見られる[41]。

　こうしたことから、ポリュビオス以降、有能な指導者としてのハンニバル像は残っていったと考えられる。しかしながら、先に論じたように、ここで注目すべきは共和政末期から帝政初期において過度にネガティブなカ

ルタゴ・イメージが登場してくる点である。次の記述は、リウィウスがハンニバルの肉体的・精神的強さについて言及した後、ハンニバルの悪徳について述べている箇所である。

　　（ハンニバルは）非人間的な冷酷さ、ポエニ人よりさらに悪い不誠実さをもち、真実や神聖なものへの関心は全くなく、神への畏敬、誓約の尊重、そして宗教的意識が欠如していたのである[42]。

　ここでハンニバルは「非人間的」で、「ポエニ人よりさらに悪い」悪徳の持ち主として描かれている。ここから、使い古されたカルタゴ人に対するステレオタイプの延長線上にありながら、「非人間的」であるとみなされているなど、過度にネガティブな描写がなされていることが読み取れる。それまでのカルタゴ・イメージを基本的には踏襲しながらも、それだけでは説明し難いネガティブなイメージがここには付加されている。

　もちろんこうした記述はリウィウスのみに見られるのではなく、帝政初期のほかの著作にも見られる。一例として前4年から後65年頃を生きたセネカの記述があげられる。彼は、ハンニバルが人間の血でいっぱいになった溝を見て「ああ、きれいな眺めだ」と述べたという逸話について記述している[43]。

　先にも述べたように、こうした過度にネガティブなハンニバル像がポエニ戦争期にではなく、共和政末期から帝政初期に生じてくることには、何らかの理由が存在しているように思える。ポエニ戦争やカルタゴ破壊の正当化が理由として考えられるが、それだけではカルタゴ滅亡から100年以上過ぎたこの時代になって、こうしたイメージが生じてくる理由としては、説得力がないように思える。何か他の要因が関わっていると考えるべきではないだろうか。次節では、ローマ人内部の敵と重ねられていくハンニバル像について考察し、こうしたイメージが生じてきた理由について追究していきたい。

2 ハンニバルと国家内部の敵

(1) ハンニバルのようなローマ人

　ここからはカルタゴ滅亡後の著作、特に共和政末期の著作を中心に考察を行っていく。過度にネガティブなイメージが生じることを促すような要因がその時代にあったと考えられるからである。また本章ではハンニバルのイメージに焦点を絞り考察を行う。もちろんハンニバルは総体としてのカルタゴ人の一人物に過ぎない。しかし、冒頭で引用したディドの発言において、カルタゴとの敵対の記憶がハンニバルを軸として語られていることからもわかるように、第二次ポエニ戦争後のカルタゴ人のイメージを語る上で、ハンニバルという存在を欠くことができないのも確かである。第二次ポエニ戦争後のカルタゴ・イメージはハンニバルのイメージに引きずられているということもできるだろう。また、ポリュビオスやリウィウスの記述においても、ハンニバルがカルタゴ人の典型的な人物とみなされていたことがうかがえることからも [44]、ハンニバルを中心に扱うことは有効であるだろう。

　まず、共和政末期のキケロの記述を分析する。こうした従来のものとは異なるイメージが生じた理由を説明する上で、興味深い記述を残している。

　　私たちは、ローマ人の将軍（カエサル）とハンニバルのどちらについて話しているのか [45]。

　　君は、そのようにあの人を包囲しているのだ、新たなハンニバル（マルクス・アントニウス）よ ［後略］[46]。

　　［前略］しかしながら、自身の陣営においては、生まれではなく功績で競われるべきであると考えていたこのハンニバル（ウェレス）は、このティルティアを大いに愛し、彼女を属州から連れていくほどだった [47]。

一つ目は前49年に、カエサルがルビコン川を越えてローマに進軍して
きたことについて書かれた箇所である。ここでキケロは、ローマ人の将軍
カエサルを外敵ハンニバルに例えて、ローマに進軍してきたことを痛烈に
非難している。

二つ目はマルクス・アントニウスに対する一連の弾劾演説である『フィ
リッピカ』において、ムティナを包囲したアントニウスを非難した前43年
の演説である。ここでキケロはアントニウスに対して「新たなハンニバル」
と呼びかけ、完全にハンニバルとアントニウスを重ね合わせていることが
わかる。こうした表現は『フィリッピカ』のいたるところで出てくるが、
詳しくは次節で扱う。

三つ目は前70年頃のもので、財務官やシチリアの総督として数々の不
法行為を行ったウェレスの弾劾裁判における演説である。ここでも前記の
二つの事例同様、ローマ人であるウェレスを「このハンニバル」と呼び、
外敵ハンニバルと重ね合わせている。三つの史料ともローマ人である人物
をハンニバルに例えている点で共通していることがわかる。

こうしたローマ人をハンニバルに例える事例は共和政末期においてキケ
ロ以外にも見られる。例えば、共和政末期の内戦に自身も参加していたホ
ラティウスの記述があげられる。彼は、ローマは「両親によって嫌われた
ハンニバル」によってではなく、「ローマ人自身」によって廃墟となるだろ
うと、現在行われている内戦について嘆いている[48]。ここではローマ人
自身はハンニバルと同様に危険であるとみなされている。ローマを滅亡の
危機に追い込んだハンニバルを持ち出してくることで、ローマ人自身のな
かにハンニバルのようにローマを破壊しかねない危険な人物が生じてきて
いることを示唆している。

なぜこの時代にこうした言説が流布したのだろうか。このことは従来の
ステレオタイプでは捉えきれないイメージが生じてきたこととも関わる注
目すべき問題である。上記の四つの史料に共通するのは、ハンニバルに例
えられているのは、その文脈上において「ローマに害をなす存在」とみな
されているという点である。ルビコン川を越えて進軍してきたカエサル、

第 Ⅳ 章　ポエニ戦争後から帝政初期におけるカルタゴの記憶　97

ムティナを包囲するアントニウス、不法行為を行ったウェレス、そして
ローマを破壊しかねないローマ人自身、どれも「ローマに害をなす存在」
として非難されているのである。

　ここでこのような表現が多用されることにはどのような意味があったの
かが問題となってくる。まず、「ローマに害をなす存在」を「外敵」である
ハンニバルと重ね合わせることで、「非ローマ的な存在」として排除してい
く作用があったと考えることができる。キケロやホラティウスが生きた時
代は、ローマ人同士の争いが頻発する時代であったことは周知のとおりで
ある。つまりローマ人にとって好ましくないローマ人同士の争いや国内の
混乱において、その原因となる存在をハンニバルに例えることで、「外
敵」、「外の存在」として排除していく効果があったと考えられるのである。

　ローマ人でありながら、「ローマに害をなす存在」とみなされ得る人物が
頻繁に出てきたことで、「ローマ人」対「外敵」という枠組みでは捉えきれ
ない事態が生じた。ローマ人内部の敵をハンニバルに例える言説はこうし
た事態を、従来の思考の枠組みのなかで捉え直すことに寄与していたので
はないだろうか。つまり、「我々＝ローマ人」対「彼ら＝ローマ人」という
構図を、ハンニバルに例えることで「我々＝ローマ人」対「彼ら＝外敵」
という従来の枠組みに押し込めていくことを促したと考えられるのであ
る。同時に、ハンニバルが「ローマに害をなす存在」と重ねられることで、
過度にネガティブなカルタゴ・イメージが生じてくることを助長したと考
えられる。ランセルは、最終的にローマ共和政を崩壊に導く激動の時代に
おいて、ハンニバルのイメージが悪魔化されていくと主張しているが
[49]、ここまでの分析からその主張は支持できるものといってもよいだろ
う。

　しかしながら、こうした言説は排除だけでなく、内包という作用も及ぼ
したのではないだろうか。つまり、ハンニバルがローマ内の害悪と重ねら
れることで、本来、ローマ外部の存在であるハンニバルが、「非ローマ的」
な「ローマに害をなす存在」として、ローマ人の思考の枠組みのなかに内
包され、位置づけられていく作用があったと考えることも可能ではないだ

ろうか。ローマ人内に敵が生じたことで、ローマ人と外敵の境界が曖昧に
なったということができる。次節ではこの内包の作用について考察を進め
ていく。

(2) ハンニバルとカティリーナ

　ここでは「ローマに害をなす存在」の一つの事例としてカティリーナに
関する記述と、ハンニバルに関する記述の関係性を分析することで、先に
述べたハンニバルが「ローマ内部の敵」と重ね合わされていく記述を見て
いき、「ローマに害をなす存在」として排除されると同時に内包されていく
ことに関して考察を深める。

　次の史料は、上はリウィウスのハンニバル描写、下は共和政末期を生き
たサルスティウスのカティリーナ描写である。

　　どんな苦難も彼（ハンニバル）の肉体を疲れ果てさせることはできず、
　彼の精神を打ちのめすこともできなかった。暑さ、寒さに対する忍耐力
　は同等であった。飲食の限度も、満足を求めてではなく、自然な欲求に
　よって行っていた。彼が目覚める時、眠る時を分けたのは、昼夜によっ
　てではなかった。[中略] ひどい悪徳は、こうしたこの男の立派な美徳に
　匹敵するものであった。非人間的な冷酷さ、ポエニ人よりさらに悪い不
　誠実さをもち、真実や神聖なものへの関心は全くなく、神への畏敬、誓
　約の尊重、そして宗教的意識が欠如していたのである [(50)]。

　　ルキウス・カティリーナは貴族の生まれであり、精神的にも、肉体的
　にも力において卓越していたが、悪質で歪んだ性格でもあった。若い頃
　から、彼にとっては暴動、殺人、強奪、市民間の不和が楽しみであり、
　そのようななかで、彼は青年時代を過ごした。肉体は、信じられないほ
　どに、空腹や寒さ、不眠に耐えた。精神は大胆で、狡猾で、気まぐれで
　あり、なんでも偽り、隠すことができた。彼は他人の物を追い求め、自

第Ⅳ章　ポエニ戦争後から帝政初期におけるカルタゴの記憶　99

身の物は浪費し、欲望において激しいものがあった。彼は十分雄弁で
あったが、分別はほとんどなかった。荒んだ精神は常に、計り知れず、
信じられないこと、あまりに底の知れないことを追い求めていたのであ
る[51]。

　この二つの記述に関しては従来、研究者たちによって類似性が認められ
ており、リウィウスがサルスティウスの記述を模倣したのだろうと主張さ
れてきた[52]。しかし、類似性が強調されるのみで、カティリーナ像とハ
ンニバル像の類似性がいかなる効果をもつのかに関しては、議論されてこ
なかった。ここではそのような点に重点を置き分析を行う[53]。また、こ
こではサルスティウスとリウィウスのみではなく、キケロのカティリーナ
像に関しても言及する。なぜなら、キケロのカティリーナ描写にも、ハン
ニバルとの類似点が見出されるからである。
　まず二人の描写の一つ目の類似点として、肉体的・精神的強さがあげら
れる。特に注目すべきは肉体（corpus）と精神（animus）が対比されて用
いられている点である。ハンニバルにおいては、「どんな苦難も彼（ハンニ
バル）の肉体（corpus）を疲れ果てさせることはできず、彼の精神（animus）
を打ちのめすこともできなかった」という描写がなされ、その肉体的・精
神的強さが強調されているのがわかる。カティリーナにおいても「精神的
（animi）にも、肉体的（corporis）にも力において卓越していた」という
描写がなされ、さらにその後も肉体的・精神的特徴が記されている。
　また、キケロのカティリーナ描写においても、類似した表現が見受けら
れる。彼は、カティリーナが卓越した能力を持っていることを認め、彼の
友人を助ける力として、お金などとともに「肉体的苦難（labore corporis）」
に耐えることをあげている[54]。
　第二点目として両者とも空腹、寒さ、睡眠不足に耐えうる能力を持って
おり、忍耐力（patientia）という言葉が繰り返し用いられている点である。
ハンニバルは「暑さ、寒さに対する忍耐力（caloris ac frigoris patientia）」
を持ち、飲食の限度、不眠に耐えることができることが述べられている。

一方、カティリーナにおいても「空腹や寒さ、不眠に耐えた（patiens inediae, algoris, vigiliae）」と述べられている。

　ここでもキケロはさらに論を補完してくれる記述を残している。彼はカティリーナ弾劾演説においてカティリーナの「飢えと寒さと全ての物の欠如に対する忍耐力（patientiam famis, frigoris, inopiae rerum omnium）」について述べている[55]。

　第三点目として両者ともに美徳（virtus）と悪徳（vitium）が対比的に組み合わされている点である。リウィウスにおいては、ハンニバルの「ひどい悪徳（ingentia vitia）」は「立派な美徳（tantas virtutes）」に匹敵するものであると語られている。サルスティウスにおいては、「精神的にも、肉体的にも力において卓越して」いながら、「悪質で歪んだ性格」であるとされ、ハンニバル同様、対比的に長所と短所が組み合わされていることがわかる。提示した史料の後半部分でも、こうした組み合わせで描写がなされていることが読み取れるだろう。

　さらに、キケロにおいても同様の状況が見受けられる。彼は、カティリーナには素晴らしい「長所（virtutum）」の兆候があると述べた後、欲望という「悪徳（vitia）」が彼のなかで燃え盛っているとも述べている[56]。キケロにおいてもプラス面とマイナス面が組み合わされて語られているのである。

　こうした類似点以外にも、キケロにおいてはカティリーナをハンニバルに例える記述も見られる。次の史料はキケロのムレナ弁護演説からの抜粋である。

　　ポエニ戦争ではアニオ河が最も重大事と見られたが、敵はそこにではなく、都のなかに、フォルムのなかに、［中略］幾人かは今なお国家の神殿に、はっきり言おう、この元老院議場自体にいるのだ。最も勇敢な私の同僚が、武力でこのカティリーナの不敬な盗賊団を鎮圧することを神々が許したまわんことを[57]。

第IV章　ポエニ戦争後から帝政初期におけるカルタゴの記憶　101

　これはカティリーナ陰謀事件が起きた紀元前63年に行われた執政官選挙において、選挙違反の廉で告発されたムレナをキケロが弁護したものだが、現在の危機的状況のなかで、執政官を断罪すべきではないと訴えている箇所である。アニオ河はローマ近郊の川であり、第二次ポエニ戦争時に、ハンニバルの軍勢がローマ近郊のこの河まで迫ったことで知られていた。つまりここでは暗にカティリーナとハンニバルが重ねられているのである。

　ここまでハンニバルとカティリーナの描写の類似点について分析を行ってきたが、ここからは、こうした類似性がいかなる効果を持つのかについて考察を行う。まず確認すべきことは、リウィウスが執筆活動を行ったのは第二次ポエニ戦争から150年以上経過し、すでにカルタゴが滅亡していた時代であるということである。当時のローマ人にとって、第二次ポエニ戦争は遠く隔たった時代の出来事であったろう。そこで当時の人々にとってより馴染みのあるカティリーナの陰謀事件と重ね合わされることで、新たなカルタゴのイメージを構築しやすくしたと考えられる。さらに、カルタゴ人の「悪徳」を、カティリーナと重ね合わせることで、共和政末期においてローマに内包されてしまった「カルタゴ的悪徳」を示唆し、ローマを破滅に導きかねない避けるべき先例として、読者に示すという効果もあっただろう。

　また、第二次ポエニ戦争期のローマ人、特にスキピオなどは、誠実で信心深いといった「ローマ的美徳」を体現し、それゆえに不誠実で、残酷なカルタゴ人、特にハンニバルに対して最終的に勝利することになるという筋書きでリウィウスによって描かれている。したがって、カルタゴ人、とりわけハンニバルはローマ人にとって、「他者」であるはずであった。しかしながら、カティリーナのような堕落したローマ人、あえて言うならば「カルタゴ的ローマ人」が生じてきたことで、ローマ人内に境界が設けられることになる。「善きローマ人」と「悪しきローマ人」の間の境界である。ハンニバルは「ローマに害をなす存在」、「悪しきローマ人」と重ねられていくことで、外敵でありながらこうした枠組みのなかに内包され、位置づ

けられていくことになる。読者は「悪しきローマ人」のなかにハンニバル
を見出し、ハンニバルのなかに「悪しきローマ人」を見出すことになるの
である。

　では、他にも多くの敵がいるなかでなぜハンニバルなのだろうか。その
理由としては、ハンニバルが15年以上にわたってイタリア半島内部で戦
い、ローマにとって自らの存亡に関わる脅威となるような外敵であったと
いう点があげられる。このイタリア半島「内部」で戦った「外敵」という
組み合わせが、ここでは重要となってくる。カティリーナのような共和政
末期の「悪しきローマ人」像のなかにも、「市民」でありながら「敵」であ
るという近似した緊張関係が存在するからである。キケロが用いる「国家
内部の敵（domestici hostes）[58]」という言葉が、この「市民」と「敵」
という矛盾した組み合わせを象徴している。この両者に存在する「内」と
「外」という組み合わせが、両者の親和性を強めることとなり、ハンニバル
を「ローマに害をなす存在」と重ね合わせる言説を創出することとなるの
である。過度にネガティブなハンニバル像が生じてきたのは、こうした
「ローマに害をなす存在」と重ね合わせる言説が積み重なったゆえであろ
う。ハンニバルは、カティリーナのような「ローマに害をなす存在」とし
てローマの思考の枠組みのなかに内包されると同時に、「外敵」として排除
されているのである。

3　ローマ政治文化におけるカルタゴ・イメージの利用

（1）凱旋式要求におけるカルタゴ・イメージの利用

　ここでは元老院、法廷、コンティオにおいて行われた弁論や演説などで
いかにカルタゴ・イメージが利用されていったのかを見ていく。ここで提
示する演説は主として政治家同士の勢力争いにおいて行われたものである
が、そうした争いにカルタゴ・イメージが巻き込まれていく様子を見るこ

とで、前節で示したようなカルタゴがローマ人の言説空間に位置づけられていく様子を垣間見ることができるだろう。その際、「勝利」としてのカルタゴ・イメージと「危機」としてのカルタゴ・イメージに大別して論じていく。

　様々な研究において述べられているように、戦争で勝利し、凱旋式を挙行することは、ライバルとの競争を有利に進めるための重要な要素であった[59]。そのため、凱旋式の挙行をめぐって、多くの論争が起こることになる。ここでは、マンリウス・ウルソ、アエミリウス・パウルスの凱旋式要求の事例においてカルタゴのイメージがいかに利用されたかを論じていく。

Cn. マンリウス・ウルソ（前 187 年）

　前 189 年のコンスルであるウルソはアシアを担当したのだが、彼が派遣される頃にはシリア戦争はほぼ終結している状態であった。そのため、ウルソは凱旋式を意識し、直接関係のないガラティア征伐を行った。その後、ローマに戻り、凱旋式を要求したが、シリア戦争とは関係のない不適切な行動を理由に、フリウス・プルプリオとアエミリウス・パウルスによって反対されることとなる[60]。彼らは反対演説において次の二つの論点を扱かった。まず、ウルソがこのような戦争を行う権利があったのかどうか、そして彼は適切な手順で戦争を行ったのかどうか、という二点である。彼らは次のように適切に行われた戦争のモデルをあげてウルソへの非難を行った。

　　かつて誰がそのような行為を自身の意思であえて行おうとしたのか。最も記憶に新しい戦争はアンティオコス、フィリッポス、ハンニバルそしてカルタゴ人に対する戦争である。これら全てにおいて、元老院が協議し、民衆が命じ、前もって使節によって賠償が求められ、最終的に宣戦布告のための使節が送られた[61]。

ここでは適切に行われた戦争の先例の一つとしてカルタゴに対する戦争があげられている。反対者たちはこうした適切に行われた戦争の先例をあげ、ウルソが元老院や民衆の承認も得ず、使節も送られていない不適切な戦争を行ったことを非難したのである。さらに、反対者たちは適切に行われた戦争における勝利こそ、凱旋式に値するということを次のように主張している。

　　したがって、このことからアンティオコス王に対する L. スキピオと M'. アキリウスに、少し前では、フィリッポス王に対する T. クィンクティウスに、ハンニバルとカルタゴ、そしてシュファクスに対する P. アフリカヌスに凱旋式が認められたのだ(62)。

　ここでも、カルタゴに対する勝利が凱旋式に値する先例の一つとしてあげられている。反対者たちはウルソのものは、これらの先例と違い、凱旋式に値しないと主張しているである。彼らは元老院の権威の下で戦争が行われ、その戦争に勝利した場合に、凱旋式を要求することができると主張し、この演説を終えた。

　もちろんこの演説の後に、ウルソは凱旋式要求の正当性を主張することとなるが、この時点では反対者側が有利な状況であった。しかし、ウルソは親類や友人に支援を求め、元老院議員たちを説得することに成功し、結局、凱旋式は挙行されることになる。

　しかし、ここではライバルを蹴落とそうとする反対者たちが、カルタゴに対する勝利を適切な先例の一つとして演説に用いることが効果的であると考えていたという点が重要である。彼らはカルタゴに対する勝利という先例を用いることで、ライバルの凱旋式挙行を阻止しようとしたのである。こうした事例は他にも見られる。次はアエミリウス・パウルスの凱旋式の事例について見ていく。

第 IV 章　ポエニ戦争後から帝政初期におけるカルタゴの記憶　105

L. アエミリウス・パウルス（前 167 年）

　ペルセウスとの戦いに勝利したパウルスは凱旋式挙行のためにローマに帰還したのだが、兵士たちから凱旋式に反対する声があがった。その理由は彼が課した厳しい規律や戦利品の自分たちへの分け前の少なさといったものであった。こうした不満をセルウィウス・ガルバはあおりたて、パウルスを非難する演説を行ったのである [63]。それに対してパウルスの支援者であるセルウィリウスが、パウルスを擁護するために演説を行い、ガルバを軽率な若者として非難し、次のように市民たちの説得を試みた。

　　人々は父親から聞かされた、将軍の名誉心によってもたらされた災厄や、命令の厳格さによってもたらされた勝利といった昔話を覚えてはいないだろう。しかし、彼らは確かに最近のポエニ戦争のことは覚えている。つまり騎兵長官 M. ミヌキウスと独裁官 Q. ファビウス・マクシムスの違いは何であるかを。したがって、告発者は発するべき言葉を持ち得ないし、パウルスの弁明も不必要なのは明白であろう [64]。

　ミヌキウスはハンニバルとの衝突を避けるように言ったファビウスの忠告を無視して、ハンニバルに戦いを挑み敗北を喫した人物である [65]。セルウィリウスは、ミヌキウスの軽率さをガルバに重ね合わせ、ファビウスの厳格さをパウルスに重ね合わせることで、パウルスを擁護したのである。そして凱旋式は将軍の名誉のためだけのものではなく、ローマ市民全体の名誉のためのものであることを主張し、兵士たちの認識を改めさせようと次のように述べている。

　　誰も C. ルタティウスから第一次ポエニ戦争での名誉を、P. コルネリウスから第二次ポエニ戦争での名誉を、あるいは凱旋式を祝われたその他の人々の名誉を奪い去ることができないように、ルキウス・パウルスからマケドニア戦争を終結させた名誉を奪い去ることはできないのだ。［中略］凱旋式がピュロスやハンニバルに対してだけでなく、エピロス人

やカルタゴ人に対して行われたように、M'. クリウスや P. コルネリウスだけが凱旋したのではなく、ローマ人が凱旋したのである[66]。

このようにカルタゴに対する勝利を先例の一つとして用い、戦争での名誉は将軍自身のものだが、凱旋式はローマ人全員の名誉であることを主張し、兵士たちを説得しようとしたのである。そして、さらにパウルスのもたらした勝利が凱旋式に値するものであることを強調し次のように述べている。

　　我々の多くのものが、ポエニ戦争に付き従い、捕虜となった王シュファクスを見るために集まった群集を覚えている。囚われの王ペルセウスとその息子、偉大な名であるフィリッポスとアレクサンドロスは市民たちの視線から取り除かれるのか[67]。

このようにセルウィリウスはカルタゴに対する勝利という先例を何度も用いて、パウルスの凱旋式挙行の権利の正当性を強調した後、ガルバの主張に従わないよう説得し、演説を終えている。こうして最終的にはパウルスの凱旋式挙行は決定され、3日間にわたる凱旋式を行い、莫大な戦利品を国庫に納めることになるのである[68]。

ここまで、凱旋式をめぐる二つの事例をあげてきたが、カルタゴに対する勝利というイメージが先例としてたびたび用いられていることがわかる。こうした先例を用いることで自らの主張の正当性を聴衆に対して訴えたわけである。

また、それは同時に「偉大なローマ人」のイメージを創り上げることにもつながったと考えることができる。上記の史料からもわかるように、スキピオやファビウスといった戦争における英雄たちの名が度々引用されている。彼らは戦争を勝利に導き、ローマに名誉をもたらした人物として位置づけられ、「偉大なローマ人」のイメージを創り上げているのである。

「父祖の慣習」を重んじたローマ人にとって、こうした「偉大なローマ

人」によってもたらされた勝利は、説得力のある先例であっただろう。カルタゴに対する勝利のイメージは便利な先例として利用され、カルタゴと対立した「偉大なローマ人」像の構築に寄与していたと考えられるのである。

　もちろん、ここではカルタゴに対する勝利は、他の多くの勝利のなかの一つに過ぎない。しかし、先例としてのカルタゴ・イメージの利用においては、他の戦争と異なる特徴がある。それは勝利と表裏一体の危機の先例において顕著である。次にこの危機の先例としてのカルタゴ・イメージの利用を中心に論じていく。

（2）危機と勝利

　次はいわゆる「内乱の一世紀」におけるカティリーナとアントニウスをめぐる二つの事例を中心にして、カルタゴ・イメージがいかに利用されていくかを見ていく。ここでも勝利の先例としてのカルタゴ・イメージの利用は見られるが、それとは異なる利用法も見受けられる。

カティリーナの陰謀事件

　まずはカティリーナの陰謀事件におけるカルタゴ・イメージの利用について考察していく。カティリーナの陰謀事件は前 63 年の執政官選挙において落選したカティリーナが、もはや合法的な手段で権力の座に就くのは不可能であると悟り、クーデターを企てたことによって引き起こされた事件である。しかし、このクーデター計画は事前に執政官キケロに漏れ、ただちにこの陰謀は阻止される。そして、この危機に際して元老院最終決議が採択され、非常事態が宣言されることとなった [69]。

　こうした異常事態のなかで行われたのがカティリーナ弾劾演説である。次にあげる二つの史料は、捕らえられたカティリーナの共謀者の処分について行われた議論における演説の一部である。最初に意見を述べた次期執政官シラヌスは死刑を科すことを提案したが、それに対してカエサルは死

刑に反対し、元老院は市民の生命に関して決定を下す権限を持たないと主
張した(70)。カエサルは、この演説で次のように先例としてカルタゴ・イ
メージを利用している。

　ポエニ戦争の間中、カルタゴ人たちは平和のときも休戦中もしばしば
多くの忌まわしい行為を行ったが、（ローマ人たち）自身は機会があった
ときでも、決してそのようなことは行わず、法によって彼ら（カルタゴ
人）に行えることよりも、何が自身にふさわしいのかということを追い
求めた(71)。

ここでカエサルは危機、災厄の先例としてカルタゴ・イメージを利用す
ると同時に、ポエニ戦争期の「偉大なローマ人」像を提示している。かつ
ての「偉大なローマ人」は決して報復などしなかったと主張し、死刑に反
対したのである。
　次の史料はカエサルの演説の後になされたキケロの演説であるが、彼は
このカティリーナたちによる一連の危機における自分の功績について次の
ように述べている。

　君たちは他の人々には、常に立派な功績を果たしたために感謝の儀式
を決定したが、国家を救済したために感謝の儀式を決定したのは、唯一
私だけである。かのスキピオは有名であるが、彼の英知と勇敢さによっ
て、ハンニバルはイタリアを去り、アフリカに帰ることを強いられた。
もう一人のアフリカヌスは、わが国に最も敵対的であった二つの都市カ
ルタゴ、ヌマンティアを滅ぼして、類まれな名誉を与えられた(72)。

キケロは二人のスキピオを勝利の先例としてあげた上で、自身の功績を
自画自賛しているわけである。武勲のないキケロにとって、国内の争いと
はいえ国を守ったことは自身のコンスルとしての功績において大きな意味
を持ってくるため、キケロはポエニ戦争の英雄たちを持ち出し、自身の功

績をアピールしたのだろう。

　上記の二つの史料では2種類のイメージが使われているのがわかる。一つは先ほど凱旋式の分析でも述べた勝利の先例としてのカルタゴ・イメージであり、もう一つは危機、災厄の先例としてのカルタゴ・イメージである。キケロのほうはカルタゴに対する勝利の先例としてカルタゴ・イメージを利用している。一方、カエサルのほうは危機の先例としてカルタゴ・イメージを利用している。ここから両者は状況に応じて、二つの先例を使い分けていることがわかるであろう。

　カエサルはポエニ戦争という未曾有の危機におけるローマ人の行動を示すことで、他の元老院議員の説得を試みているのに対し、キケロはポエニ戦争における勝利という側面を強調することで、自身の功績をアピールしているのである。もちろん二つの先例は相互に関係しており、深刻な危機であればあるほど、当然戦勝の功績は輝かしいものになる。「ローマの敵」によってもたらされた危機は、「偉大なローマ人」による勝利によって、輝かしい名誉となり、状況に応じてこの先例の二つの側面は使い分けられたのである。

　ここからはキケロのアントニウス弾劾演説『フィリッピカ』を見ていくが、そこでは勝利と危機の先例をたくみに使い分ける記述を分析し、こうした先例の利用に関する考察を深めていく。

アントニウス弾劾演説

　『フィリッピカ』はオクタウィアヌスとアントニウスの間の争いのなかで、オクタウィアヌス側についたキケロによるアントニウス弾劾演説である。『フィリッピカ』にはカルタゴに関する記述が9箇所あるが、そのうち3箇所が戦勝の先例として、残り6箇所が危機の先例として使われている[73]。まずは危機の先例を見ていく。次の史料はアントニウス使節派遣をめぐる元老院での議論における第五演説の一部である。

　　するとハンニバルは敵で、アントニウスは市民なのか。敵である前者

がしたことを後者はこれまでもせず、これからも行わず、企てることも、考えることもしないのか。アントニウスたちが全道中で行ったことと言えば、略奪、破壊、殺戮、強盗以外に何があったというのか(74)。

ここでキケロはハンニバルの悪行を、危機の先例として持ち出し、アントニウスを非難している。この第五演説では、こうしたハンニバルとアントニウスを比較する表現が度々登場する。かつての強敵ハンニバルを持ち出すことで、アントニウスにハンニバルのネガティブなイメージを付加し、同時に危機的状況であることをアピールしているのである。さらにキケロは続けて次のように述べている。

　我々は今、サグントゥムから退却するよう、ハンニバルに使節を派遣しようというのではない。あの時元老院は、ププリウス・ウァレリウス・フラックスとクイントゥス・バエビウス・タンピルスを派遣した。そして彼らは、もしハンニバルが要求に応じないならば、カルタゴに行くよう命じられていた。しかし、もしアントニウスが要求に従わない場合、我々はどこへ行けと命じるのか(75)。

キケロはここでハンニバルに対する使節と、アントニウスに対する使節は意味合いが違うことを指摘している。同じローマの敵に対する使節であっても、外敵であるハンニバルと、市民であるアントニウスでは状況が違うことを強調しているのである。つまり、キケロは「敵にならないよう嘆願する使節」を市民に対して派遣するのは無意味であるとし、すぐにアントニウスに対して戦争を開始することを主張しているのである。キケロはハンニバルという先例を持ち出すことで、かつてのローマ人が行った使節派遣をめぐる適切な状況判断を提示し、今の状況は使節派遣にふさわしくないことをアピールしているのである。

　この演説の後に、最終的には使節を派遣した上で命令に従わない場合、戦争開始を宣言するという妥協案が可決されることになるのだが、それを

第Ⅳ章　ポエニ戦争後から帝政初期におけるカルタゴの記憶　111

受けてキケロはコンティオにおいて次のような演説を行った。ここでもキケロは前の史料と同様の先例を用いながら、異なる戦略をとっている。

　　［前略］しかし、ローマ市民諸君、これはアントニウスが従わない限り、使節派遣ではなく宣戦布告となる。なぜならこの決議は、あたかもハンニバルへ派遣された使節のようだからだ⁽⁷⁶⁾。

　ここでキケロは危機の先例としてハンニバルへの使節派遣をあげている。しかし、先に示した元老院での演説とは異なり、ここではハンニバルへの使節とアントニウスへの使節の類似性を強調している。ここにはキケロの戦略上の変化が見て取れる。先の元老院決議によって、使節派遣は決定事項となった。そのためキケロは先の元老院での演説と同様にハンニバルへの使節派遣という先例を用いながらも、その差異よりも類似性を強調し、元老院決議を尊重しながら危機的状況であることをアピールしているのである。
　さらに、アントニウスを最終的には戦争となったハンニバルと重ね合わせることで、アントニウスと戦争になることを示唆しようとする意図がうかがえる。同時に、危機をアピールしながら、裏には最終的なローマの勝利が隠されている。キケロはハンニバルの危機を先例として利用するのと同時に、最終的なローマの勝利を暗示する先例としても用いているのである。
　また、この演説がコンティオの聴衆という不特定多数に向けて行われたということも考慮しなければならないだろう。アントニウスを国家の敵とするためには、人望もあり、影響力の大きかった彼の評判を貶める必要があった。そのためにかつての敵であり、ローマ人にネガティブなイメージで捉えられていたハンニバルと重ね合わせたのである。こういった表現が元老院だけでなくコンティオでも用いられたことから、当時、元老院議員だけでなく、ローマ市民に対してもこうした表現はある程度有効であったと考えても差し支えないだろう。

112

　ここまで危機の先例の事例を中心に論じてきたが、もちろん勝利の先例の事例も見受けられる。次の史料はムティナ近郊でのアントニウス軍に対する勝利に関してのキケロの演説である。

　　ポエニ戦争で、ガリア戦争で、イタリア戦争で、しばしば多くの軍隊が、輝かしく偉大であったが、そのいずれに対しても、このような栄誉は与えられなかった[77]。

　これはアントニウスとの戦闘で戦死した兵士を賞賛したものだが、ここで勝利の先例の一つとしてポエニ戦争があげられている。こうした先例の利用はかつての「偉大なローマ人」による勝利と我々の勝利を重ね合わせ、我々の勝利がいかに素晴らしいものかをアピールするものである。

　先にも述べたことだが、勝利と危機は相互に関係するものであり、危機が深刻であればあるほど、勝利の功績は大きなものとなる。キケロは危機が生じた際、カルタゴ・イメージの危機の側面を強調し、聴衆の危機的意識を喚起することで、自らの主張の正当性を主張している。一方で、勝利を収めた際、カルタゴ・イメージの勝利の側面が強調されることになる。カルタゴ・イメージの二つの側面は、状況に応じて強調点を変え、使い分けられながら、ローマの政治の舞台に度々姿をみせることになるのである。

　しかしながら、ここで一つ疑問が生じてくる。それは、なぜこのようにカルタゴ・イメージが利用されたのかということである。これは前節で示したハンニバルがローマ内部の敵と重ねられていくということと関わってくる問題である。もちろん単一の原因をあげるのは困難であるが、推測できる要因の一つとしては、すでに述べたようにハンニバルが15年以上にわたってイタリア半島内にとどまり続けたことがあげられるだろう。第二次ポエニ戦争は主にイタリア半島が戦場になった。このことがローマ人内部の敵との親和性を高めたのである。

　また、特に「内乱の一世紀」の頃は、実体としてのカルタゴは滅びていたこともカルタゴ・イメージを利用しやすくした一因であったとも考えら

第IV章　ポエニ戦争後から帝政初期におけるカルタゴの記憶　113

れる。実体がない分、イメージのみが一人歩きしやすくなるのは当然といえる。こういったことが、ローマの政治文化においてカルタゴ・イメージが便利な道具として機能していく要因となったと考えられるのである。

（3）理想のローマ人像と「過去」の再構築

　ここで、前項までで述べてきたことをまとめておく。カルタゴ・イメージはローマの政治文化において、大別して危機と勝利という2種類の先例として利用された。勝利の先例は自分自身および味方の功績をたたえるため、あるいは相手の功績を不適切なものとして貶めるために用いられた。また、こうしたカルタゴに対する勝利を先例として利用することは、ポエニ戦争当時の「偉大なローマ人」像を呼び起こすことにつながっていく。

　他方で、危機の先例は異常事態が生じたときに危機意識を喚起するために用いられることになる。また、ローマ内部の敵に対してこうした言説が用いられ、それは敵にハンニバルのネガティブなイメージを付与し、倒すべき敵としての認識を構築していく効果があったと考えられる。カルタゴ・イメージはこのようにして政治的対立において、敵対者よりも優位に立つため、あるいは相手を貶めるために利用されていくのである。

　しかし、共和政末期におけるこうした先例、特に危機の先例の利用はさらに考察が必要である。本節第1項の最後で述べたように、危機の先例、特に共和政末期におけるそれは、他の敵との戦争とはいささか異なる特徴を示しているからである。ポエニ戦争直後という文脈においては、こうした先例の利用は政治的対立、あるいは外敵に対する戦争という背景において用いられている。しかし、共和政末期においてそれは単なる政治的対立や、外敵との争いだけでなく、ローマ人内部の敵との対立という文脈においても用いられることになる。これは政治的対立の延長線上で考えることもできるが、共和政ローマ自体が転覆しかねない対立であったという点で、それ以前とは様相が異なっている。この時代に、ローマ市民によって国家が脅かされるという内的危機に際して出される元老院最終決議が乱発

されていることからも、そのことを窺い知ることができる[78]。

　こうした国家を脅かす内的危機において、カルタゴ・イメージは国家を脅かすローマ人に対して敵のイメージを付与するために用いられたと考えられる。こうした利用法は、先述したように、ハンニバルがイタリア半島内で戦ったことに由来する、カルタゴ・イメージの特徴であるといえるだろう。カルタゴ・イメージはローマ市民のなかに「味方」と「敵」という境界を作り上げるための便利な道具として用いられたと考えられるのである。

　さらにこうした先例が多用されることで、「過去」が再構築されることになる。ポエニ戦争期のローマ人の偉業、そしてカルタゴによる危機が「現在」の出来事に重ね合わされていくことで、新たな解釈が付加されていく。これは前節でも述べたように、カルタゴ・イメージがローマ人の思考の枠組みのなかに位置づけられていくことにもつながる問題である。また、それは同時に「現在」のローマ人を「過去」の偉大なローマ人たちとは違い、「カルタゴ的」な人物が存在する、「混乱の時代」として位置づけていくことにもなったと考えられる。つまりカルタゴ・イメージが先例として用いられることで、カルタゴによってもたらされた危機を克服する「偉大なローマ人」がいた時代として、ポエニ戦争期が再解釈さると同時に、ローマ人内部に敵が存在する「混乱の時代」として、「現在」が認識されていくことにつながっていったと考えられるのである。

おわりに

　本章では、カルタゴ・イメージがローマの著作においていかに語られ、それが当時のローマにいかに作用したのかという論点のもとで議論を進めてきた。第1節では、ローマの著作に現れてくる、カルタゴ・イメージを分析し、ギリシア人以来の使い古された狡猾で、残酷で、不誠実なカルタゴ人像だけではなく、その延長線上にありながらも、ネガティブなイメー

ジが強調され、残虐性の際立った形のカルタゴ・イメージが共和政末期から帝政初期にかけて現れてくることを示した。

第2節では、こうしたイメージが登場してくる原因を、ハンニバル像に焦点を絞り考察した。ハンニバルが「ローマに害をなす存在」とみなされる人物と重ねられていく言説は、共和政末期に頻繁に生じている。こうした言説は「ローマに害をなす存在」を外敵であるハンニバルと重ね合わせることで、「非ローマ的な存在」として排除していく作用があったと考えることができる。

しかしながら、そこには排除だけでなく、ハンニバルを内包する作用もあったと考えられる。共和政末期に政治的対立が深まり、「悪しきローマ人」とみなされる人物が生じてきたことで、ローマ人内に境界が設けられることになる。「善きローマ人」と「悪しきローマ人」の間の境界である。ハンニバルは「ローマに害をなす存在」、「悪しきローマ人」と重ねられていくことで、外敵でありながらこうした枠組みのなかに内包され、位置づけられていくことになる。「悪しきローマ人」のなかにハンニバルを見出し、逆にハンニバルのなかに「悪しきローマ人」を見出すことになるのである。

さらに、他にも多くの敵がいるなかで、なぜハンニバルがこうした表現のされ方をするのかという問題についても考察した。そこには、ハンニバルが15年以上にわたってイタリア半島内部で戦った、ローマにとって危険な外敵であったことが関わっている。このイタリア半島「内部」で戦った「外敵」という組み合わせが、「悪しきローマ人」という「市民」でありながら「敵」であるという緊張関係との親和性を高めているからである。こうしたことからハンニバルを「ローマに害をなす存在」と重ね合わせる言説が頻繁に生じることとなるのである。

第3節ではローマの政治文化におけるカルタゴ・イメージの利用について考察した。カルタゴ・イメージは大別して二つの先例として利用される。一つは勝利の先例であり、もう一つは危機の先例である。勝利の先例は自身の功績をたたえるため、あるいは相手の功績を不適切なものとして

貶めるために利用されていく。また、こうしたカルタゴに対する勝利を先例として利用することは、ポエニ戦争当時の「偉大なローマ人」像を呼び起こすことにつながっていく。

危機の先例は非常事態が生じたときに、危機意識を喚起する作用があった。それは敵にハンニバルのネガティブなイメージを付与する効果があったと考えられる。カルタゴ・イメージはこのようにして政治的対立において、敵対者よりも優位に立つため、あるいは相手を貶めるために利用されていくのである。しかしながら、「内乱の一世紀」において危機の先例は、ローマ人内部の敵に用いられており、それは政治的対立の延長線上にありながらも、共和政自体が転覆しかねない対立という文脈において用いられている点で、それまでとは様相が異なっている。カルタゴ・イメージは、国家が転覆しかねない非常事態において、国家を脅かすローマ人に対して敵のイメージを付与するために用いられたと考えられる。つまり共和政末期において、カルタゴ・イメージはローマ市民のなかに「味方」と「敵」という境界を作り上げるための便利な道具として用いられたと考えられるのである。

では、以上のように構築され、利用されたカルタゴ・イメージはローマ人に対していかなる影響を持ち得たのか。それはローマ人の歴史認識と関わってくる。第3節で述べたように、カルタゴ・イメージを利用することは、共和政末期のローマ人がポエニ戦争期を「偉大なローマ人」が活躍する時代とみなし、同時に自らが生きる時代を「混乱の時代」として認識することにつながったことを示した。実際、リウィウスは前187年のマンリウス・ウルソの凱旋によってもたらされた戦利品によって、ローマは堕落し始めたと述べている[79]。

さらにこうした思考に関して有名な記述を残しているのがサルスティウスである。彼はカルタゴ滅亡以降、ローマは堕落し始め、支配権（imperium）は「最も公正で最善のものから、残酷で耐え難いもの」になってしまったとみなしている[80]。こうした記述からも共和政末期のローマ人たちが、自らが生きる時代を堕落した時代とみていたと考えられるだろ

う。つまり、共和政末期のローマ人、特にエリート層の人々はカルタゴ・イメージを利用することによって、カルタゴと自己の偉大な祖先の対立構図のなかで自分たちの生きる内乱の時代を位置づけ、自己イメージを見出し、そうすることで「悪しきローマ人」、「ローマ内部の敵」を「非ローマ的存在」として排除しようとしたのである。そして、それは同時にカルタゴを相容れないものとして排除しながら、自己の内に「カルタゴ」を見出していくことにつながっていくのである。

注

(1) Vergil, *Aen.* 4. 622-629.

(2) Y. Syed, *Vergil's Aeneid and the Roman Self*, Michigan, 2005b, p. 170.

(3) E. W. サイード、今沢紀子訳『オリエンタリズム』（上・下）、平凡社、1993 年。（原著 E. W. Said, *Orientalism*, New York, 1978）

(4) 例えば、J. Webster and N. Cooper (eds.), *Roman Imperialism: Post-Colonial Perspectives*, Leicester, 1996; P. S. Wells, *The Barbarians Speak*, Princeton, 1999; I. M. Ferris, *Enemies of Rome*, Stroud, 2000.

(5) Cic. *har.* 19. 12-18.

(6) E. Burck, "Das Bild der Karthager in der römishen Literatur.", in J. Vogt (Hrsg.), *Rom und Karthago*, Leipzig, 1943, S. 297-345; id., "The Third Decade", in T. A. Dorey, (ed.), *Livy*, London, 1971, pp. 21-46.

(7) P. G. Walsh, "Livy and the Aims of 'Historia': An Analysis of the Third Decade", *Aufstieg und Niedergang der Römischen Welt*, 2.30.2, 1982, pp. 1058-1074.

(8) N. Horsfall, "Dido in the Light of History", *Proceedings of the Virgil Society*, vol.13, 1973-74, 1-13.

(9) M. Dubuisson, "L'image du Carthaginois dans la literature latine", *Studia Phoenicia*, vol.2, 1983, pp. 159-167.

(10) S. Lancel, *Hannibal*, A. Nevill (trans.), Oxford, 1999, pp. 211-224.

(11) Syed, "Romans and Others", *A Companion to Latin Literature*, Oxford, 2005a, pp. 360-371; id., 2005b.

(12) E. Adler, *Valorizing the Barbarians: Enemy Speeches in Roman Historiography*, Austin, 2011, pp. 59-116.

(13) この他に近年の研究としては、シリウス・イタリクスのハンニバル像を分析した C. Stocks, *The Roman Hannibal: Remembering the Enemy in Silius Italicus' Punica*, Liverpool, 2014 があげられる。この研究は、ハンニバルが他者としてだけではなく、ローマ的に描写されていることを指摘している点で興味深い。しかし、サイ

ドやアドラーと同様、テクスト内部の分析に終始しているため、コンテクストと
の関係は不明瞭である。まだ、筆者の検討が不十分であるため、ここでは注で指
摘するにとどめたい。

(14) Lancel, 1999, p. 219.

(15) 例えば、Homer, *Iliad.* 14. 278-289.

(16) Syed, 2005a, p. 368.

(17) Plautus, *Poen.* 111-113.

(18) Plautus, *Poen.* 1124-1126.

(19) Syed, 2005a, p. 366.

(20) Syed, 2005a, p. 367; G. F. Franko, "The Characterization of Hanno in Plautus'
Poenulus", *The American Journal of Philology*, vol.117, no. 3, 1996, pp. 425-426.

(21) Polyb, 3. 99. 7.

(22) Cic, *de inv.* 1.71.

(23) Cic, *de nat. deor.* 3. 80.

(24) Cic, *de off.* 3. 100.

(25) Cic., *Pis.* 43.

(26) Polyb., 1. 25. 7-1. 35.

(27) F. W. Walbank, *A Historical Commentary on Polybius*, Oxford, 1957-79, vol. 1, pp.
92-94.

(28) Liv., *Per.* 18; Horat., *Odes.* 3. 5.

(29) 例えば、Liv, 22. 19-20; 42. 7.

(30) Liv, 23. 5. 12-13.

(31) Walbank, 1957, p. 3.

(32) Burck, 1971, p. 26; T. J. Luce, *Livy: The Composition of His History*, Princeton,
1977, XXVII.

(33) Polyb, 9. 26. 11.

(34) Polyb, 10. 33. 1-3.

(35) Polyb, 23. 13.

(36) C. B. Champion, *Cultural Politics in Polybius's Histories*, California, 2004, p. 117.

(37) Cic, *de off.* 1. 108.

(38) Cic, *Laelius.* 28.

(39) Cic, *de or.* 1. 210

(40) Burck, 1971, pp. 32-33.

(41) Liv, 28. 12. 1-9.; cf. Polyb, 11. 19.

(42) Liv, 21. 4.

(43) Seneca, *de ira.* 2. 5. 4.

(44) Polyb, 3. 78. 1-2; Liv, 22. 6. 12.

(45) Cic, *Ad Att.* 7. 11.

(46) Cic, *Phil.* 13. 11. 25.

(47) Cic, *Verr.* 2. 5. 31.

(48) Horace, *Epodes.* 16. 8.

(49) Lancel, 1999, p. 219.

(50) Liv, 21. 4. 5-9.

第 IV 章　ポエニ戦争後から帝政初期におけるカルタゴの記憶　119

(51) Sallust, *BC.* 5. 1-5.
(52) Walsh, 1982, pp. 1058-1074; J. T. Ramsey, Sallust's Bellum Catilinae, 1984, Atlanta, ad 5. 3-5; J. J. Clauss, "《Domestici hostes》: The Nausicaa in Medea, The Catiline in Hannibal", *Materiali e discussioni per l'analisi dei testi classici*, vol. 39, 1997, pp. 165-185; A. Rossi, "Parallel Lives: Hannibal and Scipio in Livy's Third Decade", *Transactions of American Philological Association*, vol. 134, 2004, pp. 359-381.
(53) ハンニバル描写とカティリーナ描写の類似点に関しては、Clauss の議論を基に論を進める。
(54) Cic, *Cael.* 17.
(55) Cic, *Cat.* 1. 26.
(56) Cic, *Cael.* 12.
(57) Cic, *Mur.* 84.
(58) Cic, *Cat.* 3. 28.
(59) J. S. Richardson, "The Triumph, the Praetors and the Senate in the Early Century B.C.", *The Journal of Roman Studies*, vol. 65, 1975, pp. 50-63; 比佐篤「『帝国』としての中期共和政ローマ」、晃洋書房、2006 年、114-122 頁。
(60) Liv, 38. 44.9-50. 3.
(61) Liv, 38. 45. 5-7.
(62) Liv, 38. 46. 10-11.
(63) Liv, 45. 35. 4-9; Plut, *Aem. Pau.* 29-30.
(64) Liv, 45. 37. 12-13.
(65) Polyb, 3; Liv, 22.
(66) Liv, 45. 38. 4-11.
(67) Liv, 45. 39. 7-8.
(68) Liv, 45. 40; Plut, *Aem. Pau.* 32-38.
(69) Sallust, *BC.* 17-29; Plut, *Cic.* 10-15.
(70) Sallust, *BC.* 50. 3-4; Plut, *Cic.* 20.
(71) Sallust, *BC.* 51. 6-7.
(72) Cic, *Cat.* 4. 20-21.
(73) 勝利の先例は、Cic, *Phil.* 11. 17; 13. 9; 12. 33. 危機の先例は、1. 11; 5. 25-27; 6. 4-6; 11. 9; 13. 25; 14. 9.
(74) Cic, *Phil.* 5. 9. 25.
(75) Cic, *Phil.* 5. 10. 27.
(76) Cic, *Phil.* 6. 2. 4.
(77) Cic, *Phil.* 14. 7. 33.
(78) 砂田徹「『元老院最終決議』考 —— ローマ共和政末期における政治的殺人」『史学雑誌』98、1989 年、1329-1363 頁。
(79) Liv, 39. 6. 7.
(80) Sallust, *BC.* 10. 1-6.

第 V 章

「理想」のローマ都市カルタゴと
カエレスティス神殿

はじめに

　前章ではポエニ戦争後から帝政初期におけるカルタゴ・イメージについて扱った。そこでは、共和政末期の動乱のなかで、カルタゴ・イメージが先例として利用され、国家内部の敵と重ねられていく言説を分析した。

　本章では、前章の議論を踏まえた上で、ローマ都市として再建されたカルタゴ植民市に、かつてのカルタゴのネガティブなイメージがつきまとっていたことを指摘していく。特に、ゴルディアヌス1世の反乱時の描写において、敵としてのポエニ期カルタゴの記憶が再浮上してくる点は、前章で指摘した国家内部の敵と関連する事例である。

　また、カルタゴ植民市だけでなく、カルタゴ由来とされる女神カエレスティスにもかつての敵であるカルタゴの記憶を想起させる可能性があったことを指摘する。ローマ都市として再建されたカルタゴ植民市、そして「ローマ風」の神殿に祀られたカエレスティスに対して、直接関係がないはずのポエニ期カルタゴの記憶が関係してくるのである。

　以上のことを考察することで、序論で重要性を指摘し、前章まででそれぞれの対象についてそれらの視点を用いて論じてきた表象と実践という二つの分析概念を、本章において関連づけていくことになるだろう。

先述したように、ポエニ期カルタゴは 3 度におよぶポエニ戦争後、前146 年に破壊された。スキピオ・アエミリアヌスが炎上するカルタゴを前にローマの未来を重ね合わせて嘆いたという同時代の歴史家ポリュビオスが書き残している逸話は有名だが[1]、もう一つ有名な逸話にスキピオによる呪いがある。カルタゴが再び復活することがないよう、塩をまいて二度と人が住めないように呪いをかけたというものである[2]。

　しかしながら、この呪いの描写は同時代のポリュビオスの著作には出てこない。現存している史料のなかで、呪いについて明確に言及している最初のものは、5 世紀初頭のマクロビウスの『サトゥルナリア』である。マクロビウスは都市を呪う方法について言及している箇所で、こうした呪いがカルタゴでも使われたとしている[3]。

　これ以外に明言はしていないものの、2 世紀の歴史家アッピアノスが呪いを彷彿させる記述を残している。アッピアノスの記述では、元老院がカルタゴを完全に破壊し、誰もそこに住まないようにするようスキピオに命じ、ビュルサの丘の再建を禁じたと記されている[4]。

　この呪いの逸話がいつの段階から存在していたのか明確にするのは困難であるが、少なくともアッピアノスがこの逸話を書き記した紀元後 2 世紀にはこうした言説が存在していたといえるだろう。2 世紀といえばもうすでにアウグストゥスが行ったとされるカルタゴ再建後の時代ということになる。再建された新たなローマ都市カルタゴには、禁じられた再建という言説が、再建された後もつきまとっていたのである。

　カルタゴ滅亡後、こうした言説だけではなく、カルタゴ周辺地域においてカルタゴの記憶を帯びた文化が帝政期にいたっても残り続けた[5]。本章で中心的に論じる女神カエレスティスもそうしたものの一つである。かつてのカルタゴが破壊され、ローマ都市としてのカルタゴが再建された後も、その記憶と文化は残り続けていたといえる。

　本章では、まず再建され、ゼロから作り上げられたローマ都市カルタゴとそれにまつわる言説を分析する。そのうえで、ポエニ期カルタゴの記憶を帯びた女神カエレスティスについて考察を行い、ポエニ期カルタゴに関

わる文化と記憶が、ローマ支配期のカルタゴ周辺地域においてどのように受け止められ、それがどのような意味を持っていたのかを示していく。

1 ローマ帝国支配期北アフリカの文化をめぐる研究状況と記憶

　序論でも論じたように、ローマ帝国支配期北アフリカの文化に関する研究は、ローマ化を中心に語られてきた[6]。しかし、1960年代以降、そのようなローマ化を中心とした解釈の否定が行われ始めた[7]。その後はポストコロニアル理論の影響もあり、ローマ化批判がさかんに行われていくことになる[8]。

　では、以上のような研究の流れのなかで、本報告で扱うカルタゴの記憶を帯びた文化についてはどのように扱われてきたのか。ローマ化研究では、当然のことではあるがローマ文化の浸透具合が主要な論点となるため、カルタゴ由来とされる文化は副次的な扱いとなっている[9]。

　それに対しベナブは、例えばカルタゴのバアル神と同一視されたといわれているサトゥルヌスの分析において、現地的な要素の残存に注目し、ローマ化に対する力強い抵抗を強調している[10]。

　こうしたベナブの見解に対してリーブスは、サトゥルヌスやカエレスティスのような異種混淆的宗教が生じるのは属州民、特にエリート層の戦略的な選択の結果であることを強調している[11]。

　ここまで先行研究について概観してきたが、いずれの研究においてもカルタゴに由来する文化は、あくまで文化単体で分析されており、当然のことではあるが、それに関わるポエニ期カルタゴの記憶については関連づけて論じられてはいない。

　もちろん文化そのものの分析も重要である。しかし、カルタゴ周辺地域の住人にとってポエニ期カルタゴ由来とされる文化がいかに受け止められていたのかを知るためには、それに深く関わるかつてのカルタゴの記憶を

関連づけて分析する必要があるだろう。そうすることで、従来の研究で行われてきたような、文化を「ローマ文化」や「現地文化」といった分類で意味づけるのではなく、カルタゴ周辺地域の人々にとってある文化がもっていた意味の一側面を提示することが可能である。

　本章では、ポエニ期カルタゴの記憶がいかにカルタゴ周辺地域の異種混淆的文化に関係していたのかを読み解いていく。そうすることで一見、矛盾した言説を帯びているカルタゴが、現地の人々にとっての「ローマ的なるもの」の一部を形作っていたということを提示したい。

2 「理想」のローマ都市カルタゴとポエニ期カルタゴの記憶

　まず、ローマ期カルタゴについて概観しておく。上述したように、かつてのポエニ期カルタゴは3度のポエニ戦争ののちに、前146年に破壊された。その後、前122年にガイウス・グラックスによって最初の再建が試みられたが、これは彼の死によって頓挫した[12]。グラックス以降、前44年にカエサルによって再び着手され[13]、主な建設プランは前29年頃にアウグストゥスによって実行されたとされている[14]。

　この新たな都市はポエニ期カルタゴと同じ場所に建設された[15]。かつてのカルタゴの中心地であったビュルサの丘を中心にグリッド状の街路が作られ、その丘の頂上を水平にならすことで、広大なスペースが設けられた。そのスペースの北側はフォルムとして使われ、バシリカや数々の神殿、公共建造物で囲まれていた[16]。

　さらに、2世紀半ばの大火後、アントニヌス・ピウスとマルクス・アウレリウスによってビュルサの丘のバシリカが再建・拡張され、アントニヌス浴場、劇場、音楽堂の建設、おそらくは図書館も作られたとされ、いわゆる「ローマ風」の公共建造物が次々と建設された[17]。

　アウグストゥスによるカルタゴ再建とその後の拡大は、ゼロから新たな都市を作り上げることでポエニ期カルタゴとは異なる、「理想」のローマ都

市としてカルタゴを再生させる試みだったといえる。2世紀にカルタゴに居住していた弁論作家アプレイウスはカルタゴを「我らが属州の尊ぶべき師（provinciae nostrae magistra venerabilis）」と形容していることからも、再建されたカルタゴが、その後もいかに理想的なローマ都市を体現していたかを読み取ることができる[18]。

次にローマ都市として復活したカルタゴを現在の研究者たちはどのように位置づけているのか確認する。E. M. ワイトマンはカルタゴの都市計画の研究において、「土地測量と都市計画というローマ的伝統の最良の成果である」とし、「ローマ性（Romanity）と、呪われた土地に再生されたその都市の偉大さを象徴している」と主張している[19]。

考古学者 F. ラコブはカルタゴ再建についての研究において、カルタゴは「新たな都市計画に基づいて着手され得た、アウグストゥスの都市のモデル」であり、「アウグストゥスによる植民市の理想的なコンセプトが実現されえた」場所として位置づけている[20]。

さらに、西方のローマ都市の研究において R. ローレンスたちは「アフリカで最大の都市として、カルタゴはおそらく常にそのコンセプトとレイアウトの保持において完全に「ローマ的」であった」と主張している[21]。

以上のように考古学者や都市研究者はカルタゴを「ローマ的」都市として位置づけている。では、考古学や都市研究以外ではどうかというと、同様の論調がみられる。例えばキプリアヌス研究者の A. ブレントはカルタゴについて「ローマ植民市として、その再建において、常にその都市は首都ローマ自体のイメージを投影していた」と主張している[22]。

また、古代末期研究で有名な P. ブラウンは、最初の著作である『アウグスティヌス伝』において、蛮族によって西ローマ全体が荒廃していくなかでも、「碑文は、いまだに「アフリカのローマ（Rome in Africa）」に他ならなかったカルタゴにやって来た貴族階級のローマ人総督たちの気前の良さと高潔さを讃え続けていた」と記している[23]。このように、復活したカルタゴは研究者たちによっても「理想」のローマ都市を体現するものとみなされていることがわかる。

また、現在の研究者の見解だけでなく、史料上もカルタゴがローマを体現するかのように描写する言説を確認することができる。2世紀末から3世紀前半の歴史家ヘロディアヌスは、ゴルディアヌス1世が238年にカルタゴで挙兵する場面を次のように記している。

　　彼（ゴルディアヌス1世）はテュスドルスを出発し、カルタゴへと進んだ。そこはあたかもローマにいるかのようにふるまってもよい巨大で多くの人口を擁する都市であることを彼は知っていた。[中略]しばしの間都市カルタゴは外観と繁栄という点でローマであった⁽²⁴⁾。

　この記述から、ヘロディアヌスが執筆したとされる3世紀前半にはカルタゴがあたかも首都ローマのように機能するほど「ローマ的」大都市とみなす言説が存在していたことが読み取れる。この描写のレトリカルな面を考慮する必要はあるが、少なくともこうした表現が成立する程度にはカルタゴが「ローマ的」都市を体現していたとみなして問題ないだろう。
　また、この都市に与えられた Colonia Concordia Iulia Karthago という名は示唆的である。かつての敵であるカルタゴの地に新たな「ローマ的」都市が建てられ、その都市が調和、協調の意味を持つ Concordia の名を与えられたのである。まさに新たなカルタゴはローマによる支配の象徴であると同時に、帝国の調和、協調の象徴であったといえるだろう。
　しかしながら、その名と場から想起されるイメージはこうした調和の面ばかりではない。カルタゴという名は、かつての記憶とは切り離せなかったのである。例えば、カルタゴ再建にまつわる記述を見ていくと、そうした調和とは相容れない側面が出てくる。
　1世紀から2世紀に活動したプルタルコスは次のように記している。

　　リビア（アフリカ）では、ガイウスがユノニアすなわちヘラと名付けたカルタゴの地の植民市建設に関して、妨げようとする神々からの様々な前兆があらわれたと言われている。例えば、第一の軍旗が風でもぎと

第Ⅴ章　「理想」のローマ都市カルタゴとカエレスティス神殿　127

られそうになったので、旗手が全力で抵抗したが、ばらばらに折れてし
まった。また、祭壇に捧げられていた犠牲が突風で吹き散らされて、そ
こに設けられた境界の標石の外まで投げだされたり、標石自体も襲って
きた狼に引き抜かれて遠くに運び去られたりした[25]。

　この記述ではグラックスの再建時に新たな都市の建設を神々が阻止しよ
うとする前兆が現れたと述べられている。アッピアノスもこれと同様の記
述を残しており[26]、カルタゴ再建後のプルタルコス、アッピアノスの時
代、つまり1世紀から2世紀においても、こうしたかつてのカルタゴの場
にまつわるネガティブな言説が残り続けていたといえる。
　さらに、ヒストリア・アウグスタのなかの、先述したゴルディアヌス1
世の反乱時の描写では、カルタゴの人々が「ポエニ人の信義（Punica
fides）」ゆえにゴルディアヌスを裏切ったと記されている[27]。「ポエニ人の
信義」は信用できないことを表す慣用句であり、リウィウスなどにその使
用が見られる[28]。
　この描写には再建され、ローマ都市として生まれ変わったはずのカルタ
ゴの住民に対して、かつてのポエニ期カルタゴとあたかも連続しているか
のような描写がなされていることが読み取れる。ヒストリア・アウグスタ
の成立年代は4世紀末から5世紀前半とする説が現在有力だが[29]、ローマ
都市として再建され、「ローマ的」都市であり続けていたはずのカルタゴに
対して、古代末期においてもポエニ期カルタゴを想起させるネガティブな
言説が存在し続けていたことがわかる。
　ローマの著作家はローマの歴史を創り上げながら、同時にかつてのカル
タゴの過去もそこに組み込んでいった。ポエニ期カルタゴとの敵対関係と
その破壊に由来する不調和の記憶は、否が応でも調和を象徴する新たなカ
ルタゴに刻みこまれたものであったといえる[30]。再建されたカルタゴ
は、ローマ帝国の調和を示すと同時に、かつての敵対者カルタゴという不
調和な記憶を帯びる記号として機能したのである。

3 「カルタゴ的」宗教 ── カエレスティスを中心に

(1) カルタゴのカエレスティス信仰をめぐる言説

ここからはポエニ期カルタゴの記憶を帯びている女神であるカエレスティスについて見ていくことで、カルタゴの抱えたパラドックスを文化の面から読み解いていく。まずカエレスティスについて概観しておく。かつてのポエニ時代のカルタゴとその周辺地域において信仰されていた女神タニトが、ローマ支配期に入り、カエレスティスと名を変えて信仰されたと一般的に言われている[31]。

例えば、ティニッスートやサブラタで、かつてのバアルとタニトの聖域において、ローマ時代に入りカエレスティスに対する奉献碑文が発見されていることや[32]、カルタゴやトゥッガ、ハドゥルメトゥム、キルタなどのタニトの信仰が確認されている都市において、ローマ時代にカエレスティスへの奉献碑文が確認されていることから、タニトとカエレスティスの連続性を確認することができる[33]。かつてのタニトがカエレスティスとして信仰されていたと考えられるのである。

ここからはカルタゴのカエレスティス神殿について分析する。この神殿は建設された場所などの詳細は判明していないが、アウグスティヌスとクォドウルトデウスの記述からその存在が確認されている[34]。まず、アウグスティヌスの記述を見ていく。

カエレスティスの聖別を受けたものが、貞潔の教えを聞いたのは、どこであり、いつであったか私たちは知らない。しかし、私たちが見たその女神の像がおかれた神殿の前に、私たちは、あらゆる場所から集まってきて、それぞれ得た場所に立ち、行われる演劇をもっとも熱心に見物していたが、視線を転じると、こちら側には娼婦の行列を、向こう側には処女神を見た[35]。

第Ⅴ章　「理想」のローマ都市カルタゴとカエレスティス神殿　129

　ここでアウグスティヌスは、若かりし頃、カルタゴのカエレスティス神殿で行われた祭儀を見学し、その神殿にはカエレスティスの像が置かれており、演劇が行われていたことを書き記している。

　また430年代にカルタゴの司教であったクォドウルトデウスはカエレスティスの巨大な神殿がカルタゴにあったと書き記している[36]。両者から、少なくとも4世紀末頃まで大規模なカエレスティス神殿とその信仰が存在していたとみなして問題ないだろう。

　次に歴史家ヘロディアヌスは次のように記している。

　　［前略］彼（ヘリオガバルス）は、カルタゴ人とリビア人がとりわけ崇拝していたウラニア[37]（カエレスティスのギリシア語名）の像を取り寄せた。この像のことを彼らはフェニキア人のディドが皮を紐状に切り裂き、古の都市カルタゴを建設した時にたてられたものだと述べている[38]。

　この記述で興味深いのはカエレスティスの像はカルタゴ建国の女王ディドの時代に建てられたとカルタゴ人とリビア人たちに信じられていたと記されている点である。ヘロディアヌスが生きた2世紀後半から3世紀初頭頃、カルタゴとその周辺に祀られているカエレスティスはかつてのカルタゴの女神と連続しているという言説が存在していたことが確認できる。ポエニ期カルタゴが滅亡してから300年ほど経過し、都市カルタゴ自体も100年以上の断絶期間があったにもかかわらず、言説レベルではかつてのカルタゴとのつながりが意識されていたという証左となるだろう。

　このカエレスティス神殿の建設年代については、クォドウルトデウスが神殿の正面に「神官アウレリウスが捧げた（Aurelius pontifex dedicavit）」と書かれていたと記していることや[39]、アントニヌス・ピウスとマルクス・アウレリウスが大火後のカルタゴの修復、増築に貢献していることから、この神殿はマルクス・アウレリウスの治世に建てられたと考えられている[40]。正確な年代を確定することはできないが、少なくとも2世紀後半

にはすでにこの神殿は存在していたと考えられる。

　まとめると、カルタゴのカエレスティス神殿はいつ建設されたかは明確にはできないが、2世紀後半には存在し、少なくとも4世紀末頃まで存続していたと考えられる。さらにかつての都市との断絶にもかかわらず、カエレスティスそのものに関しては連続性が意識されていたとみなすことができる。

　では、なぜ「理想」のローマ都市を体現していたカルタゴにおいて、かつての敵対者の女神との連続性が意識されていたカエレスティスの神殿が何の齟齬もなく存在しえたのか。次項では、カルタゴ周辺地域の都市であるトゥッガの住人のカルタゴへの視線という観点から考察を加えることで、この問題について一定の結論を提示したい。

(2)　トゥッガのカエレスティス神殿

　トゥッガのカエレスティス神殿は、カルタゴのカエレスティス神殿と違い、神殿そのものと碑文も残っており、トゥッガの事例を見ることでカルタゴのカエレスティス神殿およびその信仰について補完的な情報を引き出すことができる。また同時にカルタゴ周辺地域の住人にとって、この「カルタゴ的」宗教がどのような位置づけだったのかについて、ある程度の見通しを立てることが可能だろう。

　この神殿はフォルムから100mほど西側に位置し、ポルティコで囲まれた半円形の建造物として建てられた[41]。以下の引用はこの神殿にかかげられた碑文の内容である。

　　カエレスティス・アウグスタに捧ぐ。皇帝カエサル・マルクス・アウレリウス・セウェルス・アレクサンデル・ピウス・フェリクス・アウグストゥスと皇帝、陣営、元老院そして祖国の母であるユリア・ママエア・アウグスタの壮健のために[42]。

写真6　カエレスティス神殿
(筆者撮影)

　カエレスティス・アウグスタに捧ぐ。クィントゥス・ガビニウス・ルフス・フェリクス・ベアティアヌスが両親の贈与を増額し、(神殿を)装飾し、奉献した[43]。

　最初に引用したメインの奉献碑文はこの神殿の正面部分に刻まれており、この他に2番目の引用とほぼ同じ内容の碑文が四つ見つかっている[44]。これらの内容からこの神殿はクィントゥス・ガビニウス・ルフス・フェリクス・ベアティアヌスによってセウェルス・アレクサンデルの治世の222年から235年頃に建てられたことが判明している。

　その他にも、情報は少ないものの、興味深い碑文の断片が出てきている[45]。その碑文には「ダルマティア(Dalmatia)」、「ヒスパニア(Hispania)」、「ユダエア(Iudaea)」、「カルタゴ([K] arthago)」、「ラオディキア([L] aodicia)」、「メソポタミア([Mes] opotamia)」、「シュリ

ア（Syria）」、「トゥッガ（Thugga）」の八つの都市と属州の名が刻まれて
おり、研究者たちの間では、この神殿には様々な属州や都市の像が飾られ
ていたと推測されている[46]。ヘロディアヌスの史料にあったように、か
つての敵対者であるポエニ期カルタゴの女神と連続していると認識されて
いたカエレスティスを祀り、そのうえであたかもローマ帝国全体を表象す
るかのような像が飾られているという、表面上はパラドキシカルな状況が
見られるのである。

　この神殿に関して、G. ダレッジは属州と都市の像が建てられていたこ
とから、帝国の支配や皇帝崇拝、帝国のイデオロギーの浸透を読み解いて
いる[47]。これに対してリーブスは、皇帝崇拝の面を強調することを批判
し、カエレスティス信仰はカピトリウム神殿のようなローマ帝国のメン
バーであるというアイデンティティを強めるものとは違い、カルタゴ人で
あるという感覚を強化したと主張し、結論としてトゥッガの神殿は自分た
ちの女神の重要性が帝国全体に広まっているものとして認識していたこと
の表れであるとしている[48]。

　皇帝崇拝や帝国のイデオロギーのみをこの神殿に読み取る解釈は、カエ
レスティスという昔からカルタゴ周辺地域において重要な女神が祀られて
いるというこの神殿の特徴を捉えきれていない。

　リーブスの見解については、概ね同意できるが、カルタゴとトゥッガを
過度に同じものとして捉えすぎている。カルタゴの事例においては確かに
ポエニ期カルタゴという都市の偉大さを想起させるものとしてカエレス
ティスが機能し、同じカルタゴの名を持つカルタゴ市民がその偉大さを継
承しているという感覚を強化したとみなすことは可能であり、前項の最後
に述べた理想のローマ都市とかつての敵対者の女神というパラドキシカル
な問題も説明できる。

　しかしながら、トゥッガにおいては必ずしも同じことはいえないだろ
う。カルタゴ植民市とつながりの深いパグスを有していた点を考慮したと
しても、この神殿が建設された時代、少なくとも行政区分上は一つのコ
ミュニティになっていることを念頭に置いておく必要がある。あくまでカ

第 V 章 「理想」のローマ都市カルタゴとカエレスティス神殿　133

ルタゴとのつながりは深いが、別の都市であることを考慮して解釈してい
く必要があるだろう。

　では、どのような解釈が妥当だろうか。まず属州や都市の像があったと
されていることから、自身の女神を帝国全体にとっても重要な女神である
とみなしており、トゥッガの人々が自らを帝国に属するものと認識してい
たという点に関しては、リーブスの解釈で問題ないだろう[49]。

　また、カルタゴの地域的重要性に加え、かつてのパグスとカルタゴの結
びつき、そしてカエレスティスというカルタゴにおいて重要な意味を持つ
女神が祀られた点を踏まえるならば、ローマ帝国の大都市であるカルタゴ
に対するトゥッガの人々の視線という点に注目する必要がある。

　トゥッガの人々にとって海の向こう側のローマよりも身近にある大都市
カルタゴのほうが「ローマ的」な都市を体現するものとして直接的な影響
力を持ち得たことは容易に推測できる。先ほどカルタゴをローマ帝国の調
和のシンボルであり、理想のローマ都市を体現するものとみなされていた
ことを指摘した。こうしたことを考慮するならばトゥッガの人々は身近に
ある大都市カルタゴを通して「ローマ的」な都市を見ていたともいえる。
ただし、そこに現れる「ローマ的なるもの」は、あくまでかつてのカルタ
ゴの記憶を帯びたものであり、ローマそのものというわけではない。
トゥッガの人々にとってはそうした「カルタゴ的」なものも含めて「ロー
マ」を体現するものであったのではないだろうか。

　このように考えるならば、ポエニ期カルタゴ由来とされる女神であるカ
エレスティスを帝国全体に関係するものとみなしていたことにも説明がつ
く。トゥッガの人々にとっては身近にある「ローマ的」な存在である植民
市カルタゴの文化がローマを代表するものであり、だからこそ何の齟齬も
なく属州や都市の像とともに祀ることができたのではないだろうか。
トゥッガの人々にとっては、ポエニ期カルタゴの記憶を帯びた文化も含め
て「ローマ的」文化を形作るものであったといえるだろう。

おわりに

　本章では、まずカルタゴはローマ帝国の Concordia をあたかも体現するかのような都市として再建された状況を見てきた。そして、そこにはポエニ期カルタゴにまつわる記憶として Discordia がつきまとっていることを指摘した。

　そうしたポエニ期カルタゴ由来とされ、その記憶を帯びているカエレスティスは、都市における断絶とは関係なく、言説レベルにおいてかつてのカルタゴとのつながりが意識されていた。この女神は、カルタゴにおいてはかつてのカルタゴの偉大さを想起させ、都市アイデンティティを強化するものとして、トゥッガにおいてはローマ都市の代表であるカルタゴの「ローマ的」文化として、何の齟齬もなく受け入れられていた可能性を提示した。

　本章では言説においても、文化においても一見矛盾しているように見えるカエレスティス神殿に焦点を当てて考察したが、こうした矛盾を「ローマ化」や「抵抗」といった単一のカテゴリに押し込め、逸脱する部分を捨象してしまっては、文化の持つダイナミズムを見逃すことにつながってしまう。文化をこうしたわかりやすいカテゴリで捉えるのではなく、そうしたカテゴリを解体し、新たな文化が生み出されていく契機として理解していくことが必要だろう。

注

(1) Polyb. 38. 19-22.

(2) スキピオによる呪いの逸話に関しては R. T. Ridley, "To be Taken with a Pinch of Salt: The Destruction of Carthage", *Classical Philology*, vol.81, no.2, 1986, pp. 140-146; N. Purcell, "On the Sacking of Carthage and Corinth", in D. Innes, H. Hine and C. B. R. Pelling (eds.), *Ethics and Rhetoric: Classical Essays for Donald Russell on his Seventy-Fifth Birthday*, 1995, pp. 133-148 を参照。

（3）Macrobius, *Sat.* 9. 3. 10.

（4）App. *Pun.* 135.

（5）カルタゴ文化の残存についての全般的な議論についてはZ. Várhelyi,"What is the Evidence for the Survival of Punic Culture in Roman North Africa ? ", *Acta Antiqua Academiae Scientiarum Hungaricae*, vol.38, 1998, pp. 391-403 を参照。

（6）本書序論、注（16）。

（7）本書序論、注（18）。

（8）本書序論、注（23）。

（9）例えばBroughtonは、一般大衆のなかには現地文化が残り続けたとするものの、明白にローマ文化の浸透の程度に主眼を置いている。Broughton, 1929.

（10）Bénabou, 1976, pp. 370-375.

（11）Rives, 1994, pp. 294-306; id., 1995; id., 2001, pp. 425-436. cf. Van Dommelen 1997.

（12）App. *Pun.* 136.

（13）App. *Pun.* 136.

（14）カルタゴ再建の年代についての議論はLe Glay, "Les premiers temps de Carthage romaine: pour une révision des dates", in S. Lancel（ed.）, *Histoire et archéologie de L'Afrique du Nord*, Paris, 1985, pp. 235-248 および Rives, 1995, p. 21, n. 10 を参照。

（15）Plin. HN. 5. 24; Liv. *Epit.* 60.

（16）J. Deneauve, "Les structures romaines de Byrsa: historique des recherches", *Antiquités africaines*, vol. 11, 1977, pp. 51-66; id., "Le Centre monumentale de Carthage: Un Ensemble cultuel sur la colline de Byrsa", in *Carthage et son territoire dans l'antiquité*, éditions du comité des travaux historiques et scientifiques, Paris, 1990, pp. 143-155; P. Gros, *Byrsa III. Rapport sur les campagnes de fouilles de 1977 à 1980: la basilique orientale et ses abords*, Collection de l'École Française de Rome 41.3, Rome, 1985; id., "Le premier urbanisme de la Colonia Julia Carthago", *L'Afrique dans l'Occident romain*, Rome, 1990, pp. 547-573; Rives, 1995, pp. 22-23; F. Rakob, "The Making of Augustan Carthage", in E. Fentress（ed.）, *Romanization and the City: Creation, Transformations, and Failures*, Portsmouth, R.I.. 2000, pp. 73-82.

（17）Gros 1985; Deneauve, 1990; Rives, 1995, pp. 27-28.

（18）Apul. *Flor.* 20. 10

（19）E. M. Wightman, "The Plan of Roman Carthage: Practicalities and Politics", in J. G. Pedley（ed.）, *New Light on Ancient Carthage*, Michigan, 1980, p. 40.

（20）Rakob, 2000, p. 82.

（21）R. Laurence, S. E. Cleary and G. Sears, *The City in the Roman West*, Cambridge, 2011, p. 161.

（22）A. Brent, *Cyprian and Roman Carthage*, Cambridge, 2010, p. 28.

（23）P. Brown, *Augustine of Hippo: A Biography（A New Edition with an Epilogue）*, Berkeley, 2000, p. 424.

（24）Herod. 7. 6.

（25）Plut. *Vit. C. Gracch.* 11.

（26）App. *BCiv.* 1. 24; *Pun.* 136.

(27) SHA, *Gord.* 15. 1-2
(28) 例えば、Liv. 21. 4. 9.
(29) *Historia Augusta* の年代に関しては T. D. Barnes, *The Sources of the Historia Augusta*, Brussels, 1978, pp. 85; T. Honoré, "Scriptor Historiae Augustae", *The Journal of Roman Studies*, vol.77, 1987, pp. 156-176 など。
(30) 再建後のカルタゴとポエニ期カルタゴの記憶の関係に関しては R. Miles, "Rivalling Rome: Carthage", in C. Edwards and G. Woolf (eds.), *Rome the Cosmopolis*, Cambridge, 2003, pp. 123-146.
(31) Lipinski, 1992, p. 86; 438f; Halsberghe, 1984, pp. 2203-2223; Rives, 1995, p. 65; Cadotte, 2007, pp. 65-111.
(32) *ILAfr*, 307-310; *IRT*, 2
(33) Cadotte, 2007, p. 71.
(34) カルタゴのカエレスティス神殿に関しては H. Hurst, *The Sanctuary of Tanit at Carthage in the Roman Period: a re-interpretation*, *JRA*, supplement 301, Portsmouth, R.I. を参照。
(35) August. *De Civ. D.* 2. 26.
(36) Quodvultdeus, *Lib. De prom.* 3. 44.
(37) カエレスティスをさす。Miles, 2003, pp. 141. cf. Halsberghe, 1984, p. 2213.
(38) Herod. 5. 6. 3.
(39) Quodvultdeus, *Lib. De prom.* 3. 44.
(40) Rives, 1995, p. 66. cf. Hurst, 1999.
(41) Rives, 1995, pp. 166-167; Saint-Amans, 2004, pp. 275-277; J-C. Golvin et M. Khanoussi (eds.), *Dougga, Études d'architecture religieuse. Les sanctuaires des Victoires de Caracalla, de "Pluton" et de Caelestis*, Bordeaux, 2005, pp. 97-208.
(42) *CIL*, VIII, 26457, a-c (b = *CIL*, VIII, 15512) + *CIL*, VIII, 26554 = *ILTun*, 1385.
(43) *CIL*, VIII, 26459, a-c (c = *CIL*, VIII, 1474; cf. *CIL*, VIII, 15502) + *ILTun*, 1386.
(44) *CIL*, VIII, 26457, a-c (b = *CIL*, VIII, 15512) + *CIL*, VIII, 26554 = *ILTun*, 1385; *CIL*, VIII, 26459, a-c (c = *CIL*, VIII, 1474; cf. *CIL*, VIII, 15502) + *ILTun*, 1386; *CIL*, VIII, 26461; *CIL*, VIII, 26460, a-b (a = *CIL*, VIII, 1504); *CIL*, VIII, 26462, a-b (b = *CIL*, VIII, 15530) + *ILTun*, 1387.
(45) *CIL*, VIII, 26651 + *ILAfr*, 542.
(46) G. Dareggi, "Le Sanctuaire de Caelestis à Thugga: un témoignage de l'idéologie impériale de l' époque des Sévères", *Carthage et son territoire dans l'antiquité*, éditions du comité des travaux historiques et scientifiques, Paris,1990, p. 201; Rives, 1995, p. 167; Saint-Amans, 2004, p. 187.
(47) Dareggi, 1990, pp. 201-202.
(48) Rives, 1995, pp. 162-169.
(49) Rives, 1995, p. 168.

結　論

〼〼

　ここまでローマ帝国支配期北アフリカについて、文化と記憶を対象にしながら考察を進めてきた。第Ⅰ章では宗教的実践を具体的に見ていくために、トゥッガにおけるマルキウス氏族に焦点を絞り考察した。この氏族はキウィタスから台頭し、ローマ市民権を獲得してパグスのメンバーとなったエリートである。また、両コミュニティの保護者を複数のメンバーが担ったことからも、二つのコミュニティをつなぐ役割を果たしたと考えられる。そのようなマルキウス氏族のメンバーが建設したのが166年から168年頃に建設されたカピトリウム神殿である。

　この神殿は両コミュニティが新たな段階にいたるなかで建設された。この神殿建設は、二つのコミュニティが一つのまとまりとなって形成される新たなコミュニティとしての「トゥッガ」を意識し、それにふさわしい宗教のあり方、都市の景観のあり方をエリート層が選び取った結果なのである。このカピトリウム神殿は新たな段階にいたったトゥッガの宗教的アイデンティティの象徴として機能したとみなすことができる。

　第Ⅱ章では、ガビニウス氏族に焦点を当て考察した。マルキウス氏族同様、この氏族もキウィタスから台頭し、ローマ市民権を得たエリート層である。マルキウス氏族とほぼ同時期の2世紀から3世紀前半にかけて活躍し、両コミュニティをつなぐ役割を果たしたと考えられる。

このガビニウス氏族のメンバーが建設したのが 117 年から 138 年頃に年代づけられるコンコルディア、フルギフェル、リベル・パテル、ネプトゥヌス神殿である。この神殿には昔から現地で信仰されていたと考えられる神々とローマの神が同時に祀られていた。つまりこの神殿はそれぞれのコミュニティにとって重要な神々が祀られていたことになる。ガビニウス氏族のような両コミュニティと関係をもつエリートが、それぞれのコミュニティに目配りのきいた神殿を建設したのである。この神殿はムニキピウムになる以前の二重のコミュニティであった時期に、両者をつなぐシンボルとして創り上げた信仰の一事例であったといえるだろう。

　第Ⅲ章では、194 年から 195 年頃というトゥッガがムニキピウムになる 205 年のまさに直前の時期に建設されたサトゥルヌス神殿について考察した。この神殿に祀られたサトゥルヌスは、バアル神がローマ時代に名を変えたものであると考えられている。こうした古くからのキウィタスにおける神を祀った神殿を、現地の人々にとっての特別な場所であるバアル神の聖域に建設したのである。つまり、サトゥルヌスというキウィタスにおいて重要な神を祀ると同時に、パグスのローマ市民権保持者にとって、自身の属する「ローマ世界」において支配的であるローマ文化の神殿形式を流用した結果、創造されたのがこのサトゥルヌス神殿であったといえる。

　当時のトゥッガの政治状況がトゥッガの人々に両コミュニティをつなぐ信仰のあり方の選択を促し、そうして創り上げられた神殿が新たな段階にいたりつつあるトゥッガのシンボルとして機能したのである。そのような文化的実践の積み重ねの結果、205 年に行政区分上は両者の境界は解消され、二重性を内包しつつも一括りの都市へといたることになったと考えられる。サトゥルヌス神殿はそのような両コミュニティをつなぐ実践の一事例とみなすことができるのである。

　第Ⅳ章では、ポエニ戦争後から帝政初期にかけてのローマの著作に表れてくるカルタゴ・イメージについて分析した。そこではギリシア人以来の使い古された狡猾で、残酷で、不誠実なカルタゴ人像だけではなく、その延長線上にありながらも、ネガティブなイメージが強調され、残虐性の際

立った形のカルタゴ・イメージが共和政末期から帝政初期にかけての時代に現れてくることを示した。

こうしたネガティブなカルタゴ・イメージは、「内乱の一世紀」においてローマ人内部の敵に用いられるようになる。カルタゴ・イメージは、国家が転覆しかねない状況において、国家を脅かすローマ人に対して敵のイメージを付与するために用いられた。つまり、カルタゴ・イメージはローマ市民のなかに「味方」と「敵」という境界を創り上げるための便利な道具として用いられたと考えられるのである。

第Ⅴ章では、第Ⅳ章で論じたカルタゴ・イメージが、再建後のローマ都市カルタゴにもつきまとっていることを示した。カルタゴ植民市はローマ帝国の Concordia を体現するかのような都市として再建されたにもかかわらず、そこには第Ⅳ章で論じた敵対者であるポエニ期カルタゴにまつわる記憶として Discordia がつきまとっていたのである。

さらに、こうしたカルタゴの記憶を想起させたのは再建された都市カルタゴだけではない。ポエニ期カルタゴ由来とされる文化に関しても、かつてのカルタゴの記憶がつきまとっていたのである。ポエニ期カルタゴ由来とされる女神カエレスティスは、カルタゴにおいてはかつてのカルタゴの偉大さを想起させ、都市アイデンティティを強化するものとして、トゥッガにおいてはローマ都市の代表であるカルタゴの「ローマ的」文化として、何の齟齬もなく受け入れられていたと考えられる。しかしながら、同時にカエレスティスは、かつてのカルタゴとのつながりが意識されていた。つまり、「ローマ的」文化の一部となりながらも、常にかつての敵であったポエニ期カルタゴの記憶を想起させる可能性があったといえるだろう。

以上が本論で述べてきた主張のまとめである。このことを踏まえた上で、以下では序論で提示した本書の問題設定に対して一定の解答を示したい。まず、第Ⅰ章から第Ⅲ章まで見てきたように、2世紀において二つのコミュニティと関係を持つエリート層が、様々な公共建築物を建設するなかで、新たなコミュニティとしてふさわしい宗教的アイデンティティを創り上げていったことを示した。エリートたちは、ローマの神であれ、現地

の神であれ、新たな段階へいたる都市としてふさわしい信仰を選び取っていった。そうした宗教のなかには都市ローマを象徴するようなカピトリウム神殿もあり、同じように現地で古くから信仰されていたサトゥルヌス神殿、あるいはローマの神と古くからの神を組み合わせた神殿が含まれていたのである。同じように新たな宗教的アイデンティティを模索しながらも、そこには「ローマ文化」や「現地文化」というカテゴリだけでは捉えきれない多様な要素が詰め込まれていたのである。

　では、こうした宗教的実践によって創り上げられた文化をトゥッガの人々はどのように受容していたのだろうか。まず、そこには新たな段階にいたりつつある都市にふさわしいものとして創り上げられた景観が関係してくる。2世紀において次々となされた「ローマ風」の公共建築物の建設によって都市の景観は一変したことだろう。特に、都市の中心のフォルムの整備と、それと連続して建設されたカピトリウム神殿は、都市の景観を明確に変えるものだった。こうした景観の変化はそれを見るトゥッガの人々に、新たなコミュニティへと自らの都市が変化していることを、視覚的に認識させたと考えられる。

　また、碑文に関しても「パグスとキウィタス」と併記される事例が2世紀に増加している。このことから少なくともその碑文を造ったエンコード側においては、両コミュニティを一纏まりのものとして捉える認識が生じていたと考えられる。またデコード側、それを見る者については、限定はされるが、パグスとキウィタスという文字列を理解できた者であれば視覚的に両者が併記されていることを認識できた可能性はあるだろう [1]。

　さらに、第Ⅱ章のコンコルディア、フルギフェル、リベル・パテル、ネプトゥヌス神殿の分析で述べたように、エンコードするエリート側は、現在の研究者ほどではないにしても、そこで祀られる神々の由来などについてある程度理解した上で、両コミュニティに目配りがきく形で神殿を建設したと考えられる。しかし、トゥッガの人々、特に市民権を持たないような人々にとっては、ローマやカルタゴ、あるいは現地というような正確な起源によって分類して、それによって意味づけていたとは想定できない。

彼らにとっては父祖から慣れ親しんだ「我々の神」か「新たな神」という認識であったのではないだろうか。このことは起源で文化を分類し、意味づけるような分析では捉えることができない点であろう。

さらに記憶の問題も受容と関わってくる。第Ⅳ章で提示した敵としてのネガティブなカルタゴの記憶が、第Ⅴ章で分析したカルタゴ植民市やカエレスティス神殿に、エンコード側の意図を越えて、Discordia のイメージを付与していたことを指摘した。ローマ都市としてのカルタゴや「ローマ風」のカエレスティス神殿を見る際に、受容者はそこに「ローマ文化」を見ると同時に、かつてのポエニ期カルタゴの記憶を想起する可能性も存在していたのである。

最後に、ローマ帝国支配期北アフリカにおいて、特にトゥッガを含めたカルタゴ周辺地域において、「ローマ」とは何であったのか。植民市カルタゴと深い関係があるトゥッガの人々にとって、海の向こう側の都市ローマよりも、身近にあるローマ都市カルタゴのほうが、ローマを体現するものとして機能した可能性を第Ⅴ章で提示した。あくまでカエレスティスの事例からの推測にすぎないものだが、この主張が正しいのであれば、カルタゴ周辺地域の「ローマ」のイメージは全てが直接都市ローマに由来するわけではなく、ローマ都市カルタゴを通して形作られたと考えられるのである。

そのような、部分的であったとしてもカルタゴを通して形成された「ローマ的なるもの」は当然、正確に「ローマ」を表象していたわけではない。そこには北アフリカで古くから信仰されていた神々やカルタゴの記憶を帯びた神々も含まれてくるのである。

しかし、これだけでは他属州においても類似した事例は多数存在し、北アフリカの特異性とみなすことはできないだろう。ローマ以前の文化とローマ文化が混淆した結果、「ローマ的なるもの」にも地域的差異が生じているという、ローマ帝国内ではどこでも起こりうる現象である。これだけでも、ローマ帝国内の属州文化の一事例として意味のある結論ではあるが、ここでは北アフリカ、特にカルタゴ周辺地域の特異性についても指摘しておきたい。

その特異性とは、カルタゴに由来するものである。ポエニ期カルタゴの敵としてのネガティブな記憶は、カルタゴが滅亡し、実体としてのカルタゴが存在しなくなったことで、それを直接引き継ぐものは存在しないはずであった。しかし、本来、関係のないはずのローマ植民市カルタゴが「カルタゴ」という名を帯びて再建されたことで、その都市の名にかつてのカルタゴの記憶が付随してしまうことになったのではないだろうか。さらにカエレスティスのようなカルタゴ由来の文化は、少なくとも言説において、ポエニ期カルタゴからその信仰が継続してきたと記憶されていた。

こうしたことから、少なくともカルタゴ周辺地域において、単に地域的差異だけでは済まされない特異性が生じたといえるだろう。カルタゴ周辺地域においては「ローマ的なるもの」のなかに、かつての敵であったカルタゴを想起させる可能性のある文化が含まれていたのである。このことは他属州においては見られない、この地域の特徴としてあげることができるだろう。

しかし、この「ローマ的なるもの」は以上のような差異をはらみながらも、ローマ帝国内を結びつける共通性であったことも指摘しておかねばならない。それぞれの地域で差異がありながらも、「ローマ的なるもの」という共通項がローマ帝国を束ねていたものであったと考えられるのである。

先述したように、カルタゴ周辺地域においてはこの「ローマ的なるもの」は、カルタゴの記憶を帯びた文化を含み、都市ローマそのものではなく、部分的には植民市カルタゴを通して形成されていたと考えられる。すなわち、ローマという中心が複数化していると言いかえることができる。

サバルタン研究で有名な D. チャクラバルティはその著書『ヨーロッパを地方化する（*Provincializing Europe*)』において、ヨーロッパの歴史や思想を普遍的で中心的なものとするのではなく、個別の歴史をもつ一地域としてヨーロッパ自体を地方化することを提唱している[2]。

都市ローマの政治的、象徴的な中心性は否定できないが、文化面においては「ローマ文化」を代理＝表象するカルタゴのような地方都市が存在し、それが地方において「ローマ的なるもの」を形成する要因となっていたと

想定するならば、「ローマ文化」、「ローマ的なるもの」の属州化ともいえる現象が起きていたといえるだろう。このことは決してベナブが述べる「アフリカ化」のようなローマ／現地という二項対立を想定したものではない[3]。属州化は「ローマ的なるもの」が属州ごと、地方ごとに複数化していくことを意味しているのである。

　このような属州化した「ローマ的なるもの」を見ていくことで、ローマ帝国全体を結びつけていたものが何であるのか見えてくると同時に、それぞれの地域ごとの「ローマ的なるもの」の差異から、その地域のもつ特殊性も明らかにすることができるのではないだろうか。本書での主張はそのような属州の文化研究へとつながっていくものと考えている。

注

(1) 識字率についてはハリスが低識字率を主張して以降、論争となっている。W. V. Harris, *Ancient Literacy*, Cambridge, 1989b. このような碑文を見るという観点はマクマレンの碑文習慣の議論も関係してくる。R. MacMullen, "The Epigraphic Habit in the Roman Empire", *The American Journal of Philology* 103, 1982, pp. 233-246. ここでは現時点での筆者の情報量の問題で識字率の問題に踏み込むことはしないが、今後検討が必要だろう。

(2) D. Chakrabarty, *Provincializing Europe: Postcolonial Thought and Historical Difference*, Princeton, 2000.

(3) Bénabou, 1976.

表1 1-2世紀におけるトゥッガのパトロヌス

番号	年代	名前	pagus	civitas	pagus et civitas	史料
1	32-41	L. Julius Crassus	○			*CIL*, VIII, 26475; 26519.
2	36-37	L. Postimius Chius	○			*ILAfr*, 558.
3	37-41	C. Caesetius Perpetuus	○			*CIL*, VIII, 26519.
4	48	C. Artorius Bassus	○			*CIL*, VIII, 26517.
5	41-54	M. Licinius Rufus			○	*CIL*, VIII, 15529; 26603; *ILAfr*, 559.
6	41-54	M. Licinius Tyrannus	○			*CIL*, VIII, 26518; *AE*, 1969-70, 650.
7	80-100頃	Q. Vinnicus Genialis		○		*AE*, 1997, 1655.
8	80-100頃	C.Marius Perpetuus		○		*AE*, 1997, 1655.
9	80-100頃	L. Terentius Rufinianus		○		*AE*, 1997, 1656.
10	2世紀前半	M. Calpurnius Faustinus		○		*CIL*, VIII, 27369.
11	117-138	A. Gabinius Datus, pater			○	*CIL*, VIII, 26467; 26468; 26469; 26470; *AE*, 1997, 1663a-b.
12	117-138	M. Gabinius Bassus			○	*CIL*, VIII, 26467; 26468; 26469; 26470; *AE*, 1997, 1663a-b.

13	117–138	A. Gabinius Datus, filius			○	CIL, VIII, 26467; 26468; 26469; 26470; AE, 1997, 1663a-b.
14	119–138	Q. Maedius Severus			○	CIL, VIII, 26471.
15	126–132	Sex. Pullaienus Florus Caecilianus			○	CIL, VIII, 26615.
16	161年以降	L. Pullaienus Gargilius Antiquus	○			CIL, VIII, 26679.
17	166–169	Q. Calpurnius Rogatianus			○	CIL, VIII, 26594.
18	166–169	L. Marcius Simplex			○	CIL, VIII, 26609.
19	166–169	L. Marcius Simplex Regillianus	○		○（?）	CIL, VIII, 26610.
20	183–190	Gabinius Octavius Festus Sufetianus		○（?）		CIL, VIII, 26624; 26598.
21	2世紀末	Gabinius Clemens Clodianus			○	CIL, VIII, 26597.
22	2世紀末	[--]ius Minervianus			○	CIL, VIII, 26592.
23	1-2世紀 (138年以前?)	?	○			CIL, VIII, 26641.
24	1-2世紀 (117年以降?)	?			○	CIL, VIII, 26629.

(C. Poinssot, "M. Licinius Rufus, patronus pagi et civitatis Thuggensis," *Bulletin archéologique du Comité des travaux historiques et scientifiques*, vol. 5, 1969, pp. 230-233 のリストを修正)

表2 ガビニウス氏族リスト

番号	人名	年代	トリブス	役職	事績	史料	備考
1	Gabinia Felicula	48–49年	—	—	神君アウグストゥスと皇帝クラウディウスに対し祭壇を奉献	CIL, VIII, 26517.	夫 Iulius Venustus
2	Gabinia Beata	117-138年	—	—	—	CIL, VIII, 26882=27348=ILTun, 1495; ILTun,1511.	A. Gabinius Datus pater の妻
3	Q. Gabinius Felix	117-138年	—	—	—	CIL, VIII, 26882=27348=ILTun, 1495	
4	M. Gabinius Aequus	117-138年	—	—	—	CIL, VIII, 26882=27348=ILTun, 1495	
5	A. Gabinius Datus pater	117-138年	Quirina	patronus pagi et civitatis, アウグストゥスの終身祭司, conductor praediorum regionis Thuggensis	コンコルディア、フルギフェル、リベル・パテル、ネプトゥヌス神殿	CIL, VIII, 26467, a-e + CIL, VIII, 26469, a-b=ILAfr, 515; CIL, VIII, 26468; AE, 1997, 1663a; 1663b; ILAfr, 568.	
6	M. Gabinius Bassus	117-138年	Quirina	patronus pagi et civitatis, アウグストゥスの終身祭司	コンコルディア、フルギフェル、リベル・パテル、ネプトゥヌス神殿	CIL, VIII, 26467, a-e + 26469, a-b=ILAfr, 515; CIL, VIII, 26468; AE, 1997, 1663a; 1663b; CIL, VIII, 26470; ILTun, 1512.	
7	A. Gabinius Datus filius	117-138年	Arnennsis	[カルタゴ] 造営官、神君ティトゥスの祭司、卜占官、quinque decuriis、公有馬 (equus publicus) の保有する名誉。[トゥッガ] patronus pagi et civitatis	コンコルディア、フルギフェル、リベル・パテル、ネプトゥヌス神殿	ILAfr, 569; AE, 1997, 1663a; CIL, VIII, 26470; ILTun, 1513.	
8	Gabinius Honoratus	117-138年	—	curator	—	ILTun, 1511.	
9	Gabinius Priscus	117-138年	—	curator	—	ILTun, 1511.	

No.	名前	年代	tribus	役職	事績	典拠	関係
10	Q. Gabinius Felix Faustinianus	138–161年	Quirina	—	フォルム周囲にポルティコ	CIL, VIII, 26524=ILAfr, 521.	
11	Q. Gabinius Datus	138–161年	—	—	フォルム周囲にポルティコ	CIL, VIII, 26524=ILAfr, 521.	Q. Gabinius Felix Faustianus の息子
12	Gabinia Processa	138–161年	—	—	フォルム周囲にポルティコ	CIL, VIII, 26524=ILAfr, 521.	Q. Gabinius Felix Faustianus の娘
13	L. Gabinius Clemens	161–162年	—	curator	—	CIL, VIII, 26579.	Lucius の息子
14	[M. Gabinius Cle] mens Clodianus	160–205年	—	—	—	CIL, VIII, 26597.	両コミュニティから賞賛
15	[---] ius Gabinius Octauius Festus Sufetianus	205年頃	—	[カルタゴ] アウグストゥスの祭司, アイスクラピウスの神官, quinque decuriis. [トゥッガ] patronus pagi. 5年任期二人委員, 終身祭司	—	CIL, VIII, 26598=ILAfr, 535=ILTun, 1429; CIL, VIII, 26624=ILTun, 1438.	Quintus の息子
16	Gabinia Hermiona	214年頃死去	—	—	カラカラの「勝利」の神殿, キルクスのための土地を提供。	CIL, VIII, 26546.	
17	Iulia Gabinia Venusta	222–235年以前に死去	—	—	カエレスティス神殿建設のために30000セステルティウスを出資	CIL, VIII, 26458.	
18	Q. Gabinius Rufus Felix Beatianus	222–235年	—	—	カエレスティス神殿	CIL, VIII, 26458-26462.	
19	Gab [---]	?	—	—	—	CIL, VIII, 26880.	
20	L. Gabinius Prim [i] genius La [b] onius	?	—	—	—	CIL, VIII, 26881.	
21	Gabinius Vi [c] tor	?	—	—	—	CIL, VIII, 26883.	
22	Gabin [ia] Melf [one]	?	—	—	—	CIL, VIII, 26884.	
23	Gabinia Victoria	?	—	—	—	CIL, VIII, 26885.	
24	Gabinia Vitalica	?	—	—	—	CIL, VIII, 26886.	
25	Gabinia l. f. Sperata	?	—	—	—	CIL, VIII, 27343.	
26	Gabinia	?	—	—	—	RT, 1349.	

(CIL, VIII, DFH, およびBrouquier-Reddé et Saint-Amans, 1997, p. 179 より作成)

表 3 1-2世紀におけるトゥッガの宗教関連の奉献

番号	年代	対象	碑文に記されたコミュニティ	史料
1	1-30?	メルクリウスとアエクィタスに対する奉献	?	CIL, VIII, 26487.
2	1-60?	神君アウグストゥスに対する奉献	キウィタス	AE, 1966, 509.
3	32-36	不明の神殿	パグス	CIL, VIII, 26475.
4	36-37	サトゥルヌス神殿、アウグストゥスの祭壇等	パグス	ILAfr, 558.
5	48	神君アウグストゥスとクラウディウスの祭壇	パグス	CIL, VIII, 26517=ILS, 6797.
6	41-54	ティベリウス神殿の修復	パグス	CIL, VII, 26518=ILAfr, 519.
7	41-54	ケレス神殿	パグスとキウィタス	CIL, 26603.
8	41-54	ウェヌス・コンコルディア神殿	パグス	AE, 1969-70, 650.
9	41-54	神君アウグストゥス、トゥッガの神 アイスクラピウス、サルス、ウィクトリアに対する奉献	?	ILAfr, 546.
10	50-110?	テルス神殿の整備	?	ILAfr, 552.
11	71-79	ウェスパシアヌス、ティトゥス、ドミティアヌスに対する奉献	?	Topographie, 302-303.
12	80-100頃	ミネルヴァ神殿	キウィタス	AE, 1997, 1655.
13	80-100頃	ユピテル像の奉献	キウィタス	AE, 1997, 1656.
14	80-100頃	サトゥルヌスに対する奉献	キウィタス	CIL, VIII, 27417.
15	117	フォルトゥナ、ウェヌス、コンコルディア、メルクリウス神殿の拡張	パグスとキウィタス	CIL, VIII, 26471.
16	117-138	コンコルディア、フルギフェル、リベル・パテル、ネプトゥヌス神殿	パグスとキウィタス	CIL, VIII, 26467; 26468; 26469; 26470; AE, 1997, 1663a; 1663b

17	138-161	ミネルウァの聖域	パグスとキウィタス	*CIL*, VIII, 26525; 26490.
18	163-164	アイスクラピウスと推定されている聖域	キウィタス	*CIL*, VIII, 26456 a-c; 26527 a-z
19	164-165	神君アントニヌス・ピウスに対する奉献	●パグスとキウィタス	*CIL*, VIII, 26526.
20	166-169	不明の神殿	?	*ILAfr*, 555=*Topographie*, 376.
21	166-168	カピトリウム神殿	パグスとキウィタス (?)	*CIL*, VIII, 1471, a-b
22	166-169?	ミネルウァ・アウグスタ神殿	●パグスとキウィタス	*AE*, 1968, 584.
23	172-173	神君ルキウス・ウェルス像の奉献	?	*CIL*, VIII, 26529.
24	180-192	メルクリウス神殿	●パグスとキウィタス	*Topographie*, 331-332.
25	180-192?	市場の神への奉献	?	*ILAfr*, 548.
26	180-192?	不明の神殿	?	*CIL*, VIII, 26500.
27	120-180?	ユピテルに対する奉献	?	*AE*, 1997, 1657.
28	140-180?	サトゥルヌス神殿の修復	キウィタス	*ILAfr*, 551.
29	150-230?	ピエタスの神殿	?	*CIL*, VIII, 26493 a-d.
30	160-180?	コンコルディアに対する奉献	●パグスとキウィタス	*CIL*, VIII, 26466.
31	160-205?	ユノ・ルキナに対する奉献	●パグスとキウィタス	*CIL*, VIII, 27357.
32	194-195	サトゥルヌスの聖域再建	●パグスとキウィタス	*CIL*, VIII, 26498.

(*AE*, *CIL*, *ILAfr*, *ILS*, S. Saint-Amans, *Topographie religieuse de Thugga* (*Dougga*), Paris, 2004 より作成)
※ S. Saint-Amans, *Topographie religieuse de Thugga* (*Dougga*), Paris, 2004 は *Topographie* と略記。
※「碑文に記されたコミュニティ」の●はパグスとキウィタスが主導した奉献。

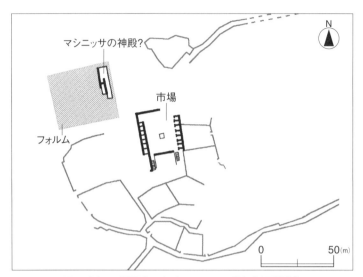

図 1-(1) 1 世紀末におけるフォルム周辺主要構造物

(S. Saint-Amans, 2004, p.15 の平面図をもとに、*DFH* の建設年代を参考に作成)
※以下の図 1-(2)、(3) も同様に作成。※建設年代が不明なものは省略している。

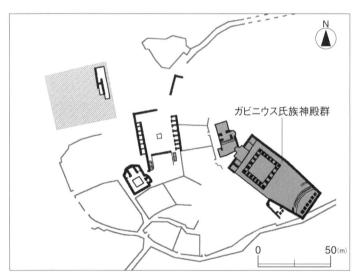

**図 1-(2) コンコルディア、フルギフェル、リベル・パテル、
ネプトゥヌス神殿建設時におけるフォルム周辺主要建造物**

※ガビニウス氏族神殿群＝コンコルディア、フルギフェル、リベル・パテル、ネプトゥヌス神殿

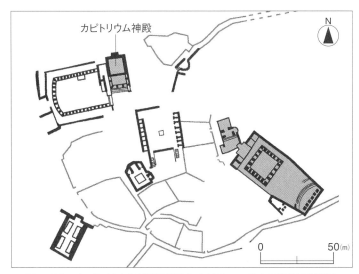

図 1-(3)　カピトリウム神殿建設時におけるフォルム周辺主要構造物

参考文献

一次史料

史料は *Loeb Classical Library*, 1910- を用いた。
それ以外の史料は以下の通り。

Apuleius, *Florida: Apologie; Florides*, P. Vallette (etabli et traduit), Paris, 1924.

Quodvultdeus, *Liber de promissionibus et praedictionibus Dei: Opera Quodvultdeo Carthaginiensi episcopo tribute, Corpus Christianorum*, vol. 60, R. Braun (ed.), 1976, pp. 1-223.

[碑文史料]

AE: *L' année épigraphique*, Paris, 1888-

CIL: *Corpus Inscriptionum Latinarum*, Berlin, 1863-

DFH: M. Khanoussi et L. Maurin (eds.), *Dougga, fragments d'histoire. Choix d'inscriptions latines éditées, traduites et commentées (Ier - IVe siècles)*, Tunis, 2000.

ILAfr: R. Cagnat, A. Merlin and L. Châtelain (eds.), *Inscriptions latines d'Afrique*, Paris, 1923.

ILS: H. Dessau (ed.), *Inscriptiones Latenae Selectae*, Berlin, 1892-1916.

ILTun: A. Merlin (ed.), *Inscriptions latines de Tunisie*, Paris, 1944.

IRT: J. M. Reynolds and J. B. Ward Perkins (eds.), *The Inscriptions of Roman Tripolitania*, Rome, 1952.

RIL: J.B. Chabot (ed.), *Recueil des inscriptions libyques*, Paris, 1940-1941.

RT: *Revue Tunisienne*, Tunis, 1894-1948.

二次文献

Adler, E., *Valorizing the Barbarians: Enemy Speeches in Roman Historiography*, Austin, 2011.

Aounallah, S., *Pagus, Castellum et Civitas*, Paris, 2010.

Barnes, T. D., *The Sources of the Historia Augusta*, Brussels, 1978.

Barton, I. M., "Capitoline temples in Italy and the provinces, especially Africa", *Aufstieg und Niedergang der Römischen Welt*, 2.12.1, 1982, pp. 259-342.

Beschaouch, A., "Note sur le territoire de Carthage sous le Haut-Empire", *Comptes rendus des séances de l'Académie des Inscriptions et Belles-Lettres*, vol. 139, 1995, pp. 861-870.

―――, "Territoire de Carthage et agri excepti", *Comptes rendus des séances de l'Académie des Inscriptions et Belles-Lettres*, vol. 141, 1997a, pp. 363-374.

―――, "Thugga, une cité de droit latin sous Marc Aurèle: Civitas Aurelia Thugga", in Khanoussi et Maurin (eds), 1997b, pp. 61-73.

Bénabou, M., *La résistance africaine à la romanisation*, Paris, 1976.

Blutstein-Latrémolière, E., "Les places capitolines d'Espagne", *Mélanges de la Casa de Velázquez*, vol. 27, 1991, pp. 43-64.

Bonnell, V. E. and L. Hunt (eds.), *Beyond the Cultural Turn*, Berkeley and Los Angeles, 1999.

Brent, A., *Cyprian and Roman Carthage*, Cambridge, 2010.

Briscoe, J., "The Second Punic War", *Cambridge Ancient History*, 2nd edition, vol.8, 1989, pp. 44-80.

Brisson, J-P., "Les mutations de la seconde guerre punique", *Problèmes de la guerre à Rome*, sous la direction de Jean-Paul Brisson, Mouton, 1969, pp. 35-59.

Broughton, T. R. S., *The Romanization of Africa Proconsularis*, Baltimore, 1929.

————, *The Magistrates of the Roman Republic*, 3 vols., New York, 1951-86.

Brouquier-Reddé, V. et S. Saint-Amans, "Épigraphie et architecture religieuse de Dougga: l'exemple des templa Concordiae, Frugiferi, Liberi Patris, Neptuni", in M. Khanoussi et L. Maurin (eds.), *Dougga(Thugga) Études Épigraphiques*, 1997, pp. 175-199.

Brown, P., *Augustine of Hippo: A Biography (A New Edition with an Epilogue)*, Berkeley, 2000.

Brunt, P. A., *Italian.Manpower, 225 B.C.- A.D. 14*, Oxford, 1971.

Burck, E., "Das Bild der Karthager in der römishen Literatur", in J. Vogt (Hrsg.), *Rom und Karthago*, Leipzig, 1943, S. 297-345.

————, "The Third Decade", in T. A. Dorey (ed.), *Livy*, London, 1971, pp. 21-46.

Burke, P., "Performing History: The Importance of Occasions", *Rethinking History*, vol. 9, 2005, pp. 35-52.

Cadotte, A.,"Neptune Africain", *Phoenix*, vol. 56, 2002, pp. 330-347.

————, "Frugifer en Afrique du Nord: épithète divine ou dieu à part entière ?", *Zeitschrift für Papyrologie und Epigraphik*, Bd. 143, 2003, pp. 187-200.

————, *La romanisation des dieux: L'interpretatio romana en Afrique du Nord sous le Haut-Empire*, Leiden, 2007.

Carton, L., *Le théâtre romain de Dougga*, Paris, 1904.

Chakrabarty, D., *Provincializing Europe: Postcolonial Thought and Historical Difference*, Princeton, 2000.

Champion, C. B., *Cultural Politics in Polybius's Histories*, California, 2004.

Chaplin, J. D., *Livy's Exemplary History*, Oxford, 2000.

Chartier, R., *Cultural History: Between Practices and Representations*, L. G. Cochrane (trans.), Cambridge, 1988.

Clauss, J. J., "《Domestici hostes》:The Nausicaa in Medea, The Catiline in Hannibal", *Materiali e discussioni per l'analisi dei testi classici*, vol.39, 1997, pp. 165-185.

Cordovana, O. D., "Historical Ecosystems. Roman Frontier and Economic Hinterlands in North Africa", *Historia*, vol. 61, 2012, pp. 458-494.

Cornell, T., "Hannibal's Legacy: The effect of the Hannibalic war on Italy", in T. Cornell, B. Rankov and P. Sabin (eds.), *The Second Punic War: a reappraisal*, London 1996, pp. 97-117.

Dareggi, G.,"Le Sanctuaire de Caelestis à Thugga: un témoignage de l'idéologie impériale de l'époque des Sévères", *Carthage et son territoire dans l'antiquité, éditions du comité des travaux historiques et scientifiques*, Paris, 1990, pp. 199-213.

Deneauve, J., "Les structures romaines de Byrsa: historique des recherches", *Antiquités africaines*, vol. 11, 1977, pp. 51-66.

————, "Le Centre monumentale de Carthage: Un Ensemble cultuel sur la colline de Byrsa", in *Carthage et son territoire dans l'antiquité*, éditions du comité des travaux historiques et scientifiques, Paris, 1990, pp. 143-155.

Dondin-Payre, M.,"Citoyenneté romaine, citoyenneté locale et onomastique: le cas de Thugga", *L'Antiquité classique*, vol. 71, 2002, pp. 229-239.

Dubuisson, M., "L'image du Carthaginois dans la littérature latine", *Studia Phoenicia*, vol.2, 1983, pp. 159-167.

Eckstein, A. M., "Hannibal at New Carthage: Polybius 3.15 and The Power of Irrationality", *Classical Philology*, vol.84, 1989, 1-15.

————, *Moral Vision in the Histories of Polybius,* California, 1995.

Edlund, I., "Before Zama. A Camparison between Polybios' and Livy's Descriptions of the Meeting between Hannibal and Scipio.", *Eranos:acta philological Suecana*, vol.65, 1967, pp. 146-168.

Fentress, E., "Romanizing the Berbers", *Past and Present*, vol. 190, 2006, pp. 3-33.

Ferris, I. M., *Enemies of Rome*, Stroud, 2000.

Février, P. A., "Religion et domination dans l'Afrique romaine", *Dialogues d'histoire ancienne*, vol. 2, 1976, pp. 305-336.

Fishwick, D., "On the Origins of Africa Proconsularis I", *Antiquités africaines*, vol. 29, 1993, pp. 53-62.

Fishwick, D. and B.D. Shaw, "The formation of Africa Proconsularis", *Hermes*, vol. 105, 1977, pp. 369-380.

Frank, T., "Mercantilism and Rome's foreign policy", *The American Historical Review* vol.18, 1913, pp. 233-252.

Franko, G. F., "The Use of Poenus and Carthaginiensis in Early Latin Literature", *Classical Philology*, vol.89, no.2, 1994, pp. 153-158.

————, "The Characterization of Hanno in Plautus' Poenulus", *The American Journal of Philology*, vol.117, no.3, 1996, pp. 425-452.

Gargola, D. J., *Land, Laws and Gods. Magistrates and Ceremony in the Regulation of Public Lands in Republican Rome*, Chapel Hill and London, 1995.

Garnsey, P. D. A., "Rome's African Empire under the Principate", in P. D. A. Garnsey and C. R. Whittaker (eds.), *Imperialism in the Ancirent World*, Cambridge, 1978, pp. 223-254.

Gascou, J., *La politique municipale de l'empire romain en Afrique proconsulaire de Trajan à Septime Sévère*, Rome, 1972.

————, "La politique municipale de Rome en Afrique du Nord. I. De la mort d'Auguste au début du IIIe siècle", *Aufstieg und Niedergang der Römischen Welt* 2.10.2, 1982a, pp. 136-229.

————, "Les pagi Carthaginois", in P. A. Février and P. Leveau (eds.), *Villes et companes dans l'Empire romain: Acte du colloque Aix-en-Provence 1980*, Aix-en-Provence, 1982b, pp. 139-175.

————, "La carrière de Marcus Caelius Phileros", *Antiquités africaines*, vol. 20, 1984, pp. 105-120.

————, "Un municeps et patronus pagi de Thugga", *Antiquités africaines*, vol. 35, 1999, pp. 71-75.

Golvin, J-C. et M. Khanoussi (eds.), *Dougga, Études d'architecture religieuse. Les sanctuaires des Victoires de Caracalla, de "Pluton" et de Caelestis*, Bordeaux, 2005.

Green, A., *Cultural History*, Basingstoke, 2008.

Gros, P., *Byrsa III. Rapport sur les campagnes de fouilles de 1977 à 1980: la basilique orientale et ses abords*, Collection de l'École Française de Rome 41.3, Rome, 1985.

————, "Le premier urbanisme de la Colonia Julia Carthago", *L'Afrique dans l'Occident romain*, Rome, 1990, pp. 547-573.

Gruen, E. S., "Material Rewards and the Drive for Empire", in B. Champion (ed.), *Roman Imperialism, Readings and Sources*, Oxford, 1989, pp. 30-46.

————, "The "Fall" of the Scipios", in I. Malkin and Z. W. Rubinsohn (eds.), *Leaders and Masses in the Roman World: Studies in Honor of Zvi Yavetz*, Brill, 1995, pp. 59-90.

Gunn S., *History and Cultural Theory*, Harlow, 2006.

Hall, S., "Encoding/decoding", in Centre for Contemporary Cultural Studies (ed.), *Culture, Media, Language*, London, pp. 128-138.

Halsberghe, G. H., "Le culte de Dea Caelestis", *Aufstieg und Niedergang der römischen Welt*, 2. 17. 4, 1984, pp. 2203-2223.

Hardie, P., "Narrative Epic", in S. Harrison *A Companion to Latin Literature* , Oxford, 2005, pp. 83-100.

Harris, W. V., "On War and Greed in the Second Century BC", *The American Historical Review* , vol.76, no.2, 1971, pp. 1371-1385.

————, *War and Imperialism in Republican Rome 327-70 B.C.*, Oxford, 1979.

————, "Roman Expansion in the West", *Cambridge Ancient History*, 2nd edition, vol.8, 1989a, pp. 107-162.

————, *Ancient Literacy*, Cambridge, 1989b.

Harrison, S., "Decline and Nostalgia", *A Companion to Latin Literature*, Oxford, 2005, pp. 287-299.

Haverfield, F., "The Romanization of Roman Britain", *Proceedings of the British Academy*, vol. 2, 1906, pp. 185-217.

Hingley, R., "Recreating Coherence without Reinventing Romanization", *Digressus, Supplement* 1, 2003, pp. 111-119.

————, *Globalizing Roman Culture: Unity, Diversity and Empire*, London and New York, 2005.

Horden, P. and N. Purcell, *The Corrupting Sea: A Study of Mediterranean History*, Oxford, 2000

Horsfall, N. "Dido in the Light of History", *Proceedings of the Virgil Society*, vol.13, 1973-74, pp. 1-13.

Honoré, T., "Scriptor Historiae Augustae", *The Journal of Roman Studies*, vol.77, 1987, pp. 156-176.

Hoyos, B. D., *Unplanned Wars: The Origins of the First and Second Punic Wars*, New York, 1998.

Hurst, H., *The Sanctuary of Tanit at Carthage in the Roman Period: a re-interpretation*, *JRA*, supplement 301, Portsmouth, R.I.

Jaeger, M., *Livy's Written Rome*, Michigan, 1997.

Janniard S. et G. Traina (eds.), "Sur le concept de 'romanisation'. Paradigmes historiographiques et perspectives de recherche", *Mélanges de l'École française de Rome. Antiquité*, 118, 2006, pp. 71-166.

Jaques, F., *Le privilège de liberté. Politique impériale et autonomie municipale dans les cités de l'Occident romain (161-244)*, Collection de l'École française de Rome 76, Rome, 1986.

Khanoussi, M. et L. Maurin (eds.), *Dougga(Thugga) Études Épigraphiques*, Bordeaux, 1997.

————, *Dougga, fragments d'histoire. Choix d'inscriptions latines éditées, traduites et commentées (Ier - IVe siècles)*, Tunis, 2000 (= *DFH*).

Khanoussi, M., M. Ritter and P. von Rummel, "The German-Tunisian project at Dougga: First results of the excavations south of the Maison du Trifolium", *Antiquités africaines*, vol.40, 2004, pp. 43-66.

Khanoussi, M. und V. M. Strocka (Hrsg.), *Thugga* I, Mainz, 2002.

Kraus, C.S., "Historiography and Biography", *A Companion to Latin Literature* , Oxford, 2005, pp. 241-256.

Lancel, S., *Carthage*, A. Nevill (trans.), Oxford, 1995.

————, *Hannibal*, A. Nevill (trans.), Oxford, 1999.

Lassère, J.-M., "Recherches sur la chronologie des épitaphes païennes de l'Africa", *Antiquités africaines*, vol. 7, 1973, pp. 58-61.

Laurence, R., S. E. Cleary and G. Sears, *The City in the Roman West*, Cambridge, 2011.

Lazenby, J.F., "Rome and Carthage", in H. I.Flower (ed.), *The Cambridge Companion to The Roman Republic*, Cambridge, 2004.

Le Glay, M., *Saturne africain, Monuments*, 2 vols, Paris, 1961 et 1966.

————, *Saturne africain, Histoire*, Paris, 1966.

————, "Le syncrétisme dans l'Afrique ancienne", in F. Dunand et P. Lévêque (eds.), *Les syncrétismes dans les réligions de l'Antiquité*, Leiden, 1975, pp. 123-151.

————, "Les premiers temps de Carthage romaine: pour une révision des dates", in S. Lancel (ed.), *Histoire et archéologie de L'Afrique du Nord*, Paris, 1985, pp. 235-248.

————, "Nouveaux ducuments, nouveaux points de vue sur Saturne africain", *Studia Phoenicia*, vol. 6, 1988, pp. 187-237.

————, "Evergétisme et vie religieuse dans l'Afrique romaine", *Collection de l'Ecole française de Rome*, vol. 134, 1990, pp. 77-88.

Leigh, M., *Comedy and the Rise of Rome*, Oxford, 2004.

Lepelley, C., *Les cités de l'Afrique romaine au Bas-Empire*, 2vols, Paris, 1979/81.

Le Roux, P., "La romanisation en question", *Annales. Histoire, sciences sociales* 59, 2004, pp. 287-311

Lipinski, E. (ed.), *Dictionnaire de la civilisation phénicienne et punique*, Turnhout, 1992.

Luce, T. J., *Livy:The Composition of His History*, Princeton, 1977.

MacMullen, R., "The Epigraphic Habit in the Roman Empire", *The American Journal of Philology* 103, 1982, pp. 233-246.

Mader, G., "Annibas hubristes:Traces of a 'Tragic' Pattern in Livy's Hannibal Portrait in Book XXI?", *Ancient Society*, vol.24, 1993, pp. 205-224.

Malkin, I., (ed.), *Mediterranean Paradigms and Classical Antiquity*, London and New York, 2005.

Martin, D. and P. C. Miller (eds), *The Cultural Turn in Late Ancient Studies: Gender, Asceticism, and Historiography*, Durham (NC), 2005.

Mattingly, D. J., *Imperialism, Power, and Identity: Experiencing the Rome Empire*, Princepton, 2011.

Mattingly, D. J. and Hitchner, B., "Roman Africa: An Archaeological Review", *The Journal of Roman Studies*, vol. 85, 1995, pp. 165-213.

Miles, R., "Rivalling Rome: Carthage", in C. Edwards and G. Woolf (end.), *Rome the Cosmopolis*, Cambridge, 2003, pp. 123-146.

Millett, M., *The Romanization of Britain; An Essay in Archaeological Interpretation*, Cambridge, 1990a.

————, "Romanisation: Historical Issues and Archaeological interpretation", in T. Blagg and M. Millett (eds.), *The Early Roman Empire in the West*, Oxford, 1990b, pp. 35-41.

Morstein-Marx, R., *Mass Oratory and Political Power in the Late Roman Republic*, Cambridge, 2004.

Noreña, C. F., *Imperial Ideals in the Roman West: Representation, Circulation, Power*, Cambridge, 2011.

Petitmengin, P., "Inscriptions de la région de *Milev*", *Mélanges d'archéologie et d'histoire*, vol. 79, 1967, pp. 165-205.

Pflaum, H. G., "Les juges des cinq décuries originaires d'Afrique romaine", *Antiquités Africaines*, vol. 2, 1968, pp. 153-195.

————, "La romanisation de l'ancien territoire de la Carthage punique à la lumière des découvertes épigraphiques récentes", *Antiquités africaines*, vol. 4, 1970, pp. 75-118.

Picard, G. Ch., *Les religions de l'Afruque antique*, Paris, 1954.

————,"Le pagus dans l'Afrique romaine", *Karthago*, vol. 15, 1969, pp. 4-12.

————, "Ba'al Hammon et Saturne dans l'Afrique romaine", *Semitica*, vol. 39, 1990, pp. 89-97.

Picard, G. Ch. and C. Picard, *The Life and Death of Carthage*, D. Collon (trans.), London, 1968.

Poinssot, C., "Statues du temple de Saturne (Thugga)", *Karthago*, vol. 6, 1955, pp. 91-129.

————, *Les Ruines de Dougga*, Tunis, 1958.

————, "Suo et Sucubi", *Karthago*, vol. 10, 1960, pp. 91-129.

————, "Immunitas perticae Carthaginiensium", *Comptes rendus des séances de l'Académie des Inscriptions et Belles-Lettres*, vol. 106, 1962, pp. 55-76.

―――, "Sufes maior et princeps civitatis Thuggae", in R. Chevallier (ed.), *Mélanges d'archeologie et d'histoire offerts à A. Piganiol*, Paris, 1966, pp. 1267-1270.

―――, "Sondage dans le sous-sol du Capitole de Thugga (1955)", *Les Cahiers de Tunisie* 15, 1967, pp. 169-181.

―――, "M. Licinius Rufus, patronus pagi et civitatis Thuggensis", *Bulletin archéologique du Comité des travaux historiques et scientifiques*, vol. 5, 1969, pp. 215-258.

Poinssot, L., "Civitas Aurelia Thugga", *Mélanges Cagnat*, Paris, 1912, pp. 496-503.

―――, "Datus, conductor praediorum regionis thuggensis", *Comptes-rendus des séances de l'Académie des Inscriptions et Belles-Lettres*, vol. 64, no. 4, 1920, pp. 357-359.

Poinssot, L. et R. Lantier, "Fouilles de la Direction des antiquités de la Tunisie en 1913", *Bulletin archéologique du Comité des travaux historiques et scientifiques*, 1925, pp. 251-270.

Purcell, N., "On the Sacking of Carthage and Corinth", in D. Innes, H. Hine and C. B. R. Pelling (eds.), *Ethics and Rhetoric: Classical Essays for Donald Russell on his Seventy-Fifth Birthday*, 1995, pp. 133-148.

Quinn, J. C. and A. Wilson, "Capitolia", *The Journal of Roman Studies*, vol. 103, 2013, pp. 117-173.

Rakob, F., "The Making of Augustan Carthage", in E. Fentress (ed.), *Romanization and the City: Creation, Transformations, and Failures*, Portsmouth, R.I., 2000, pp. 73-82.

Ramsey, J. T., *Sallust's Bellum Catilinae*, 1984, Atlanta.

Revell, L., *Roman Imperialism and Local Identities*, Cambridge and New York, 2009.

Raven, S., *Rome in Africa*, 3rd edition, London, 1993.

Rich, J., "The Origins of the Second Punic War", in T. Cornell, B. Rankov, and P. Sabin (eds.), *The Second Punic War: a reappraisal*, London 1996, pp. 1-37.

―――, "Fear, Greed, and Glory: The Cause of Roman War making in Middle Republic", in J. Rich and G. Shipley (eds.), *War and Society in Roman World*, New York, 1995, pp. 38-68.

Richardson, J. S., "The Triumph, the Praetors and the Senate in the Early Century B.C.", *The Journal of Roman Studies*, vol.65, 1975, pp. 50-63.

Ridley, R. T., "To be Taken with a Pinch of Salt: The Destruction of Carthage", *Classical Philology*, vol.81, no.2, 1986, pp. 140-146.

Rives, J. B., "Venus Genetrix outside Rome", *Phoenix*, vol. 48, no. 4, 1994, pp. 294-306.

―――, *Religion and Authority in Roman Carthage from Augustus to Constantine*, Oxford, 1995.

―――, "Imperial Cult and Native Tradition in Roman North Africa", *The Classical Journal*, vol. 96, no. 4, 2001, pp. 425-436.

Rosenstein, N., "War, Failure, and Competition", *Classical Philolgy*, vol.85, 1990, pp. 255-265.

―――, "Competition and Crisis in Mid-Republican Rome", *Phoenix*, vol.47, no.4, 1993, pp. 313-338.

Rossi, A., "Parallel Lives: Hannibal and Scipio in Livy's Third Decade", *Transactions of American Philological Association* 134, 2004, pp. 359-381.

Saint-Amans, S., *Topographie religieuse de Thugga(Dougga)*, Paris, 2004.

Scullard, H. H., "Carthage and Rome", *Cambridge Ancient History*, vol.7, part2, 1989, pp. 486-572.

Sears, G., *The Cities of Roman Africa*, Gloucestershire, 2011.

Sebaï, M., "La vie religieuse en Afrique Proconsulaire sous le Haut-Empire: l'exemple de la cité de Thugga. Premières observations", in C. Batsch, U. Egelhaaf-Gaiser, R. Stepper (Hrsg.), *Zwischen Krise und Alltag: antike Religionen im Mittelmeerraum*, Stuttgart, 1999, pp. 81-94.

————,"La romanisation en Afrique, retour sur un débat La résistance africaine: une approche libératrice ?", *Afrique et histoire*, vol.3, 2005, pp. 39-56.

Shaw, B. D., "Cult and Belief in Punic and Roman Africa", in M.R. Salzman and W. Adler (eds.), *The Cambridge Religions in the Ancient World*, vol.2, Cambridge, 2013, pp. 235-263.

Stocks, C., *The Roman Hannibal : Remembering the Enemy in Silius Italicus' Punica*, Liverpool, 2014.

Syed, Y., "Romans and Others", *A Companion to Latin Literature*, Oxford, 2005a, pp. 360-371.

————, *Vergil's Aeneid and the Roman Self*, Michigan, 2005b.

Thompson, L. A., "Uterque ordo in inscriptions of municipium Thuggense", *Latomus*, 24, 1965, pp. 150-154.

Todd, M., "Forum and Capitolium in the early Empire", in F. O. Grew and B. Hobley (eds.), *Roman Urban Topography in Britain and the Western Empire*, 1985, pp. 56-66.

Toutain, J., *Les Cultes Païens Dans L'empire Romain*, tome. 3, Paris, 1907-1920.

Toynbee, A. J., *Hannibal's Legacy:The Hannibalic War's Effects on Roman Life*, 2vols, London, 1965.

van Dommelen, P., "Colonial Constructs: Colonialism and Archaeology in the Mediterranean", *World Archaeology*, vol. 28, no. 3, 1997, pp. 305-323.

Várhelyi, Z., "What is the Evidence for the Survival of Punic Culture in Roman North Africa?", *Acta Antiqua Academiae Scientiarum Hungaricae*, vol. 38, 1998, pp. 391-403.

Vasaly, A., *Representations: Images of the World in Ciceronian Oratory*, California, 1993.

Veyne, P., "Humanitas: Romans and Non-Romans", in A. Giardina (eds.), *The Romans*, translated by Lydia G.Cochrane, Chicago, 1993.

Walbank, F. W., *A Historical Commentary on Polybius*, 3vols, Oxford, 1957-79.

Walsh, P. G., "Livy and the Aims of 'Historia': An Analysis of the Third Decade", *Aufstieg und Niedergang der Römischen Welt*, 2.30.2, 1982, pp. 1058-1074.

Webster, J., " Ethnographic barbarity: colonial discourse and "Celtic warrior societies"", in J. Webster and N. J. Cooper (eds.), *Roman Imperialism: Post Colonial Perspectives*, Leicester, 1996, pp. 111-123.

————, "Necessary Comparisons: A Post-Colonial Approach to Religious Syncretism in the Roman Provinces", *World Archaeology*, vol. 28, no. 3, 1997, pp. 324-338.

————, "Creolizing the Roman Provinces", *American Journal of Archaeology*, vol.105, no. 2, 2001, pp. 209-225.

Webster, J. and N. Cooper (eds.), *Roman Imperialism: Post-Colonial Perspectives*, Leicester, 1996.

Weinstock, S., *Divus Julius*, Oxford, 1971.

Wells, P. S., *The Barbarians Speak*, Princeton, 1999.

Whittaker, C. R., "Roman Africa: Augustus to Vespasian", in A. K. Bowman, E. Champlin, and A. Lintot (eds.), *The Cambridge Ancient History*, 2d edition, vol. 10, pp. 586-618.

Wightman, E. M., "The Plan of Roman Carthage: Practicalities and Politics", in J. G. Pedley (ed.), *New Light on Ancient Carthage*, Michigan, 1980, pp. 29-46.

Woolf, G., "Beyond Romans and Natives", *World Archaeology*, vol. 28, no.3, 1997, pp. 339-350.

————, *Becoming Roman: The Origins of Provincial Civilization in Gaul*, Cambridge, 1998a.

————, "Romancing the Celts: a Segmentary Approach to Acculturation", in R. Laurence and J. Berry (eds.), *Cultural Identity in the Roman Empire*, London and New York, 1998b, pp. 111-124.

————, *Tales of the Barbarians: Ethnography and Empire in the Roman World*, Oxford, 2011a.

————, "Saving the Barbarian" in E. Gruen (ed.), *Cultural Identity in the Ancient Mediterranean*, Los Angeles, 2011b, pp. 255-271.

————, "Romanization 2.0 and its alternatives", *Archaeological Dialogues*, vol. 21, 2014, pp. 45-50.

青木真兵「元首政初期、レプキス・マグナの「ローマ化」——境界の地トリポリタニア」『史泉』110、2009 年、1-17 頁。

ヴォルフガング・イーザー、轡田収訳『行為としての読書』、岩波書店、1982 年。

大清水裕『ディオクレティアヌス時代のローマ帝国——ラテン碑文に見る帝国統治の継続と変容』、山川出版社、2012 年、100-199 頁。

岡本充弘『開かれた歴史へ——脱構築のかなたにあるもの』、御茶の水書房、2013 年、31-54 頁。

クリフォード・ギアーツ、吉田禎吾・柳川啓一・中牧弘允・板橋作美訳『文化の解釈学』全 2 巻、岩波書店、1987 年。

栗田伸子「ローマ帝国と『低開発』——Albert Deman の所論を中心に」『歴史評論』400、1983 年、60-72 頁。

————「『敵』のイメージ　もう一つのポエニ戦争」『世界の戦争 2　ローマ人の戦争』、講談社、1985 年、45-90 頁。

————「ローマとアフリカ——脱植民地史学のその後」『歴史評論』571、1997 年、17-27 頁。

————「ドゥッガとヌミディア王権」『東京学芸大学紀要 第 3 部門 社会科学』50、

1999 年、117-124 頁。

─────「ローマ支配の拡大と北アフリカ」、歴史学研究会編『地中海世界史 1　古代地中海世界の統一と変容』、青木書店、2000 年、148-176 頁。

エドワード・サイード、今沢紀子訳『オリエンタリズム』（上・下）、平凡社、1993 年。

酒井直樹『死産される日本語・日本人──「日本」の歴史─地政的配置』、新曜社、1996 年。

佐藤成基「文化社会学の課題──社会の文化理論にむけて」『社会志林』56、2010 年、93-126 頁。

佐野好則「『オデュッセイア』におけるフェニキア人」『ギリシア・ローマ世界における他者』、彩流社、2003 年、61-91 頁。

ロジェ・シャルチエ、福井憲彦訳『読書の文化史──テクスト・書物・読解』、新曜社、1992 年。

砂田徹「『元老院最終決議』考──ローマ共和政末期における政治的殺人」『史学雑誌』98、1989 年、1329-1363 頁。

─────『共和政ローマとトリブス制──拡大する市民団の編成』、北海道大学出版会、2006 年。

ミシェル・ド・セルトー、山田登世子訳『日常的実践のポイエティーク』、国文社、1987 年。

富永智津子「歴史認識の枠組としてのアフリカ地域──世界史との接点を探る」『地域研究論集』4、2002 年、51-62 頁。

南雲泰輔「古代地中海世界と日本（特輯「西洋古代史の語り方──　現代日本社会のために」）」『古代文化』65、2013 年、93-106 頁。

ピーター・バーク、長谷川貴彦訳『文化史とは何か』、法政大学出版局、2008 年。

羽田正「歴史学の『国境』4　新しい世界史とヨーロッパ史」『パブリック・ヒストリー』7、2010 年、1-9 頁。

ホミ・バーバ、本橋哲也・正木恒夫・外岡尚美・阪元留美訳『文化の場所──ポストコロニアリズムの位相』、法政大学出版会、2005 年。

リン・ハント編、筒井清忠訳『文化の新しい歴史学』、岩波書店、1993 年。

比佐篤『「帝国」としての中期共和政ローマ』、晃洋書房、2006 年。

福井憲彦『ヨーロッパ近代の社会史──工業化と国民形成』、岩波書店、2005 年。

ピエール・ブルデュ、今村仁司・港道隆訳『実践感覚』（新装版）、全 2 巻、みすず書房、2001 年。

ジェームス・プロクター、小笠原博毅訳『スチュアート・ホール』（シリーズ現代思想ガイドブック）、青土社、2006 年。

フェルナン・ブローデル、浜名優美訳『地中海』全 5 巻、藤原書店、1991-95 年。

南川高志『海のかなたのローマ帝国』、岩波書店、2003 年。

吉見俊哉『カルチュラル・ターン、文化の政治学へ』、人文書院、2003 年。

米本雅一「コンティオの聴衆──共和政ローマの政治文化における政治と民衆」『文化史学』59、2003 年、149-171 頁。

あ と が き

　本書は 2017 年度に同志社大学大学院文学研究科に提出した博士論文を
もとに、加筆・修正したものである。

　2005 年度に同志社大学大学院に進学してから、早いもので 10 年以上の
歳月が流れた。その間、自分自身を取り巻く状況が変化していく中で、行
き詰まりを感じたときも度々あったが、何とか研究生活を続けてくること
ができ、この度、本書を出版することができた。

　10 年以上を費やした研究成果としては拙い本ではあるが、様々な機会
に多くの研究者の方々からご助力いただけなければ、このような書籍とい
う形で出版することはできなかったのは確かである。

　指導教官である同志社大学教授の中井義明先生には、大学院進学時から
今まで様々な面でご指導いただいた。博士論文提出前に弱気になっていた
私の背中を押してくださり、さらに本書の出版に関しても、やはり弱気に
なっていた私に出版会を紹介してくださった。改めて感謝を申し上げた
い。同志社大学名誉教授の故・浅香正先生には、私が大学院進学時から参
加させていただいている属州研究会にて、折に触れて貴重なご助言をいた
だいた。先生が主催されていたこの研究会に参加したことが、私の研究の
出発点となったことは間違いない。同志社大学講師の坂井聡先生には、属
州研究会でお世話になっただけでなく、イタリア留学中に大変ご助力いた
だいた。先生のお力添えがなければ、イタリアでの研究生活を安心して過
ごすことはできなかった。奈良大学教授の足立広明先生には、研究会や学
会の際に多くのアドバイスを頂戴しただけでなく、私の急なお願いに快く
応えてくださるなど、多大なご支援をいただいた。京都大学教授の南川高
志先生には、研究会や学会だけでなく、様々な機会にご指導いただいた。
大学院の先輩である米本雅一氏には、大学院生として過ごす中で、学問に
向かう姿勢を教えていただき、公私にわたりお世話になった。

あとがき　165

　また、イタリア留学中にご指導いただいたローマ大学教授のパオロ・カラーファ先生と、ローマでの研究生活を多方面にわたり支えてくださったヴィンツェンツァ・イオリオ博士にこの場でお礼を申し上げたい。Vi ringrazio molto.

　他にもお礼を申し上げたい方々は数多いが、属州研究会の方々と、共に研究生活を送った同志社大学大学院文化史（西洋史）共同研究室の方々をあげるだけで、今は許されたい。

　また、本書の出版をご快諾いただいた関西学院大学出版会と、不慣れな私に的確なご助言をくださり、丁寧に対応していただいた担当の辻戸みゆき氏に感謝申し上げたい。

　本書の基本的なコンセプトは、10年近く前の私が共同研究室で大学院の先輩、後輩たちと議論をしながら組み上げたものである。今でも根本的な部分は変わっていないものの、10年という時間経過の中で私の思考も多かれ少なかれ変化してしまっている。本書に収められている研究を1冊の本としてまとめるにあたり、苦しめられたのはこの時間経過による私自身に生じた差異である。最終的に過去の自分との差異をうまく埋めることはできなかったように思えるが、本書の出版が今までの研究の区切りであると同時に、次の研究につながる出発点となるよう、今後も精進していきたい。

　　2018年1月5日

　　　　　　　　　　　　　　　　　　　　　　　井福　　剛

初 出 一 覧

序　　論：書き下ろし

第Ⅰ章：書き下ろし

第Ⅱ章：書き下ろし

第Ⅲ章：「ローマ帝政前期北アフリカにおける文化的状況 ―― トゥッガにおけるサトゥルヌス神殿建設を中心に」、『文化史学』第65号、2009年、277-298頁。

第Ⅳ章：「古代ローマにおけるカルタゴ・イメージ ―― ポエニ戦争期から元首政初期におけるハンニバル言説を中心にして」、『文化史学』第63号、2007年、55-76頁。

第Ⅴ章："An "ideal" Roman City of Carthage and the Temple of Caelestis, with Special Reference to Carthage and Thugga", in Y. Nakai and P. Carafa（eds.）, *Memory of the Past and Its Utility: Nation, State, Society, and Identity*, 2014, pp. 117-129.

結　　論：書き下ろし

※本書掲載にあたり、全ての論文に加筆・修正を施した。

索 引

ア 行

アウグスティヌス（Augustinus）　125, 128, 129

アウグストゥス（Augustus）　2, 24-26, 29, 32, 48-50, 52, 56, 57, 59, 72, 122, 124, 125

アエネアス　87

アッピアノス（Appianos）　122, 127

アフリカ・ノウァ属州　2, 14, 19, 24

アフリカ・プロコンスラリス属州　2, 3, 14

アプレイウス（Apuleius）　125

アルネンシス選挙区　27-29, 31, 32, 49, 52, 53, 56, 72

アントニウス、マルクス（M. Antonius）　95-97, 107, 109-112

ウェヌストゥス、ユリウス（Iulius Venustus）　25, 48

ウェルギリウス（Vergilius）　83

ウェレス、ガイウス（C. Verres）　95, 97

ウルソ、グナエウス・マンリウス（Cn. Manlius Vulso）　103, 104, 116

カ 行

カエサル、ガイウス・ユリウス（C. Iulius Caesar）　2, 95, 96, 107, 109, 124

カエレスティス　52, 65, 71, 121-123, 128-134, 139, 141, 142

　カエレスティス神殿　12, 52, 121, 128-130, 134, 136, 141

カティリーナ、ルキウス（L. Sergius Catilina）　98-102, 107, 108, 119

カピトリウム神殿　11, 19, 29, 32-41, 44, 47, 54, 55, 62, 132, 137, 140

ガビニウス氏族　11, 23, 27, 32, 40, 47-49, 53-55, 60-62, 78, 137, 138

　クロディアヌス、マルクス・ガビニウス・クレメンス（M. Gabinius Clemens Clodianus）　51

　スフェティアヌス、ガビニウス・オクタウィウス・フェストゥス（Gabinius Octauius Festus Sufetianus）　51, 52

　ダトゥス、アウルス・ガビニウス［小ダトゥス］（A. Gabinius Datus）　48-50, 52, 54-57, 63

　ダトゥス、アウルス・ガビニウス［大ダトゥス］

　（A. Gabinius Datus）　48-50, 53, 55-57, 63

　バッスス、マルクス・ガビニウス（M. Gabinius Bassus）　48-50, 55-57, 63

　ファウスティニアヌス、クィントゥス・ガビニウス・フェリクス（Q. Gabinius Felix Faustinianus）　51, 54

　フェリクラ、ガビニア（Gabinia Felicula）　25, 48, 49

　ベアティアヌス、クィントゥス・ガビニウス・ルフス・フェリクス（Q. Gabinius Rufus Felix Beatianus）　52, 131

　ヘルミオナ、ガビニア（Gabinia Hermiona）　52

カルタゴ　2, 3, 10-12, 14, 19, 24, 26, 29, 31, 32, 38, 42, 50, 52, 53, 58, 59, 65, 70, 71, 79, 80, 83-89, 93-95, 97, 101, 103-110, 112-116, 121-133, 135, 136, 138-142

　カルタゴ周辺地域　1, 3, 12-14, 20, 26, 37, 59, 80, 122-124, 130, 132, 141, 142

　カルタゴ植民市　2, 3, 12, 14, 24, 25, 27, 38, 39, 41-43, 58-60, 65, 121, 132, 139, 141

　カルタゴ人　1, 12, 84-95, 101, 104, 106, 108, 125, 129, 132, 138

キウィタス　21, 22, 24-28, 31, 32, 38, 39, 41, 42, 45-53, 58-62, 64, 69-73, 75, 76, 79, 137, 138, 140

キケロ、マルクス（M. Tullius Cicero）　84, 86, 90-93, 95-97, 99-102, 107-112

クアドラトゥス、ププリウス・マルキウス
　→ マルキウス氏族

クィリナ選挙区　27, 28, 31, 38, 39, 48-50, 53, 55, 56

クォドウルトデウス（Quodvultdeus）　128, 129

グラックス、ガイウス（C. Sempronius Gracchus）　124, 127

クレメンス、ガイウス・マルキウス
　→ マルキウス氏族

クロディアヌス、マルクス・ガビニウス・クレメンス → ガビニウス氏族

コンコルディア　11, 44, 47, 50, 54-62, 65, 138, 140

サ 行

サトゥルヌス　　11, 70-76, 80, 123, 138
　サトゥルヌス神殿　　11, 58, 67-78, 138, 140
サブラタ　　70, 80, 128
サルスティウス（Sallustius）　　98-100, 116
シンプレクス、ルキウス・マルキウス
　　→ マルキウス氏族
シンプレクス・レギリアヌス、ルキウス・マ
　　ルキウス → マルキウス氏族
スキピオ・アエミリアヌス、ププリウス（P.
　　Cornelius Scipio Aemilianus）　　89 109,
　　122, 134
スキピオ・アシアティクス、ルキウス（L. Cornelius
　　Scipio Asiaticus）　　104
スキピオ・アフリカヌス、ププリウス（P. Cornelius
　　Scipio Africanus）　　85, 101, 106, 108
スフェティアヌス、ガビニウス・オクタウィ
　　ウス・フェストゥス → ガビニウス氏族

タ 行

ダトゥス、アウルス・ガビニウス［小ダトゥス］
　　→ ガビニウス氏族
ダトゥス、アウルス・ガビニウス［大ダトゥス］
　　→ ガビニウス氏族
タニト　　52, 71, 128
ディド（Dido）　　83, 87, 95, 129
ティニッスート　　71, 128
ティノバ、ファウストゥス（Faustus Thinoba）
　　25, 48
トゥッガ　　11, 12, 19, 21-24, 26-29, 31, 32, 36-
　　38, 40-44, 47, 48, 50-54, 56-62, 64, 68, 70,
　　71, 73-79, 130, 132-134, 137, 138, 140, 141

ナ 行

ヌミディア　　2, 3, 19, 24
　ヌミディア人　　1, 3, 86
ネプトゥヌス　　11, 44, 62, 138, 140

ハ 行

バアル神　　11, 58, 70, 71, 74, 80, 123, 128, 138
パウルス、ルキウス・アエミリウス（L. Aemilius
　　Paullus）　　103-106
パグス　　24, 25, 27, 29, 31, 32, 38, 39, 41-43,
　　48, 49-53, 58-62, 64, 69-73, 75, 76, 79, 132,

137, 138, 140
パグスとキウィタスの保護者（patronus pagi et
　　civitatis）　　27-29, 31, 32, 47-50, 53, 55,
　　56, 61, 76
パグスの保護者（patronus pagi）　　25, 26, 52, 72
バッスス、ガイウス・アルトリウス（C. Artorius
　　Bassus）　　25, 26
バッスス、マルクス・ガビニウス
　　→ ガビニウス氏族
パピリア選挙区　　27, 38, 39, 45
ハンニバル（Hannibal）　　12, 83, 85-87, 91-
　　102, 104, 105, 108-115, 117, 119
ヒストリア・アウグスタ　　127
ファウスティニアヌス、クィントゥス・ガビ
　　ニウス・フェリクス → ガビニウス氏族
フェニキア人　　86, 88, 129
フェリクラ、ガビニア → ガビニウス氏族
プラウトゥス（Plautus）　　88, 89, 91
フルギフェル　　11, 44, 47, 50, 54-62, 65, 138,
　　140
プルタルコス（Plutarchos）　　126, 127
ベアティアヌス、クィントゥス・ガビニウス・
　　ルフス・フェリクス → ガビニウス氏族
ヘルミオナ、ガビニア → ガビニウス氏族
ヘロディアヌス（Herodianus）　　126, 129, 132
ポエニ戦争　　2, 19, 79, 83, 88-91, 93-95, 100,
　　101, 105, 108, 109, 112-114, 116, 121, 122,
　　124, 138
ホラティウス（Horatius）　　90, 96, 97
ポリュビオス（Polybios）　　87, 90-93, 95, 122

マ 行

マクシムス、クィントゥス・マルキウス
　　→ マルキウス氏族
マルキウス氏族　　11, 19, 23, 27, 28, 31, 32, 35,
　　37, 40, 41, 43, 47, 53, 54, 62, 78, 137
　クアドラトゥス、ププリウス・マルキウス
　　（P. Marcius Quadratus）　　28, 29, 32, 44
　クレメンス、ガイウス・マルキウス（C. Marcius
　　Clemens）　　28, 29, 31, 32, 44
　シンプレクス、ルキウス・マルキウス（L. Marcius
　　Simplex）　　28, 29, 31, 32, 35, 44
　シンプレクス・レギリアヌス、ルキウス・マル
　　キウス（L. Marcius Simplex Regillianus）
　　29, 32, 35

マクシムス、クィントゥス・マルキウス（Q. Marcius
　　Maximus）　　28, 31, 53
ミネルウァ　　33, 35, 69, 70
ムレナ、ルキウス（L. Murena）　　100, 101

ヤ　行

ユノ　　33, 35, 69, 70
ユピテル　　33, 35, 44, 58, 65

ラ　行

リウィウス（Livius）　　85-87, 90, 91, 93-95,
　　98-101, 116, 127
リビア　　2, 3, 19, 126
　リビア人　　1, 3, 19, 129
リベル・パテル　　11, 44, 47, 50, 54-62, 138, 140
ローマ化　　4-6, 12, 14, 15, 20, 21, 36, 37, 41,
　　63, 67, 68, 74, 75, 77, 80, 123, 134

著者略歴

井福　剛（いふく・ごう）

　　1981 年　愛知県生まれ
　　2005 年　同志社大学文学部文化学科卒業
　　2017 年　同志社大学大学院博士（文化史学）取得
　　現　在　同志社大学、関西学院大学非常勤講師

古代ローマ帝国期における北アフリカ
カルタゴ周辺地域における文化と記憶

2018 年 3 月 31 日初版第一刷発行

　著　者　井福　剛

　発行者　田中きく代
　発行所　関西学院大学出版会
　所在地　〒 662-0891
　　　　　兵庫県西宮市上ケ原一番町 1-155
　電　話　0798-53-7002

　印　刷　協和印刷株式会社

©2018 Go Ifuku
Printed in Japan by Kwansei Gakuin University Press
ISBN 978-4-86283-257-3
乱丁・落丁本はお取り替えいたします。
本書の全部または一部を無断で複写・複製することを禁じます。